Sozialwissenschaftliche Arbeitsgruppe Stadtforschung

BEITRÄGE ZUR STADTFORSCHUNG   BAND 4

Herausgegeben von Prof. Dr. Jürgen Friedrichs
Institut für Soziologie der Universität Hamburg

SOZIALWISSENSCHAFTLICHE ARBEITSGRUPPE STADTFORSCHUNG

Zeitbudget und Aktionsräume von Stadtbewohnern

Bearbeitet von Michael Clar
Jürgen Friedrichs
Wolfgang Hempel

CHRISTIANS VERLAG

Umschlagentwurf von Andreas Brylka

© Hans Christians Verlag, Hamburg 1979
Alle Rechte, auch die des auszugsweisen Nachdrucks
und der fotomechanischen Wiedergabe, vorbehalten.
Gesamtherstellung Hans Christians Druckerei, Hamburg
ISBN 3-7672-0530-0

Inhaltsverzeichnis

VORWORT

Diese Arbeit führt in die Theorie aktionsräumlicher Forschung ein und enthält die Ergebnisse von Studien der Aktionsräume der Bewohner von drei·Neubausiedlungen in Hamburg.

Die Publikation ist in mehreren Phasen entstanden. Zunächst wurde im Rahmen eines Lehr-Forschungsprojektes,geleitet von J. Friedrichs und M. Clar, die Studie konzipiert und in zwei Hamburger Neubausiedlungen (Berner Park und Wildschwanbrook) Erhebungen durchgeführt und ausgewertet. Einige Ergebnisse dieser Studie sind in die anschließend publizierte zusammenfassende Darstellung einer aktionsräumlichen Theorie von Friedrichs (1977) eingegangen. Parallel zu dieser Publikation hat W. Hempel (1977) im Rahmen seiner Diplomarbeit mit dem ursprünglichen Konzept eine weitere Siedlung (Hexenberg) in Hamburg untersucht; er hat die Daten für alle drei Siedlungen gemeinsam ausgewertet. Schließlich haben die drei Bearbeiter dieses Buches die vorliegenden Daten nochmals differenzierter ausgewertet und unter Rückgriff auf die vorliegenden Texte das Manuskript für diese Publikation geschrieben.

Die Mitarbeiter der ersten Phase waren:

Petra Behrend
Margit Bonacker
Peter Brandt
Norbert Breeger
Michael Clar
Ubbo Cornelius
Jens Dangschat
Hildegard Diehl-Bode
Gerd Dupont
Manfred Flucke
Eugen Friedenberg
Monika Griefahn
Lars Hennings
Dipl.-Ing. Helga Holz
Margit Jacobsen
Margitta Janzen
Dipl.-Ing. Lilo Kagelmann
Hannelore Ketelsen
Klaus Kiehl
Detlef Klein

Katrin Klugmann
Heinz Kugel
Andreas Mielck
Peter Müller
Frauke Martin
Helga Ochsenreither
Christa Plass
Volker Radzey
Dipl.-Ing. Volker Roscher
Francoise Rathmann
Rolf-Gunter Schierhorn
Dipl.-Ing. Klaus Schubert
Eveline Sonn
Ingeborg Sundmacher
Dipl.-Ing. Norbert Tewis
Joachim Tump
Rainer Voss
Gabriele Wesseloh
Ulrich Wiemann
Dipl.-Ing. Norman Wendl

Wir möchten an dieser Stelle jenen Mitarbeitern des Einwohnerzentral-
amtes und der Ortsämter in Altona, Farmsen und Rahlstedt danken, die
unsere Arbeit unterstützt haben. Unser besonderer Dank gilt den hier
befragten Hamburgern, die uns bereitwillig ihre Zeit für ein Interview
gaben.

1.   PROBLEM

In der hier vorgelegten Studie wird das Problem untersucht, wie Stadtbewohner ihre Stadt benutzen. Genauer läßt sich das Problem in eine Reihe von Einzelfragen zerlegen: Wer tut was wo, wie lange und wie oft?

Die Studie gehört damit jener Forschungsrichtung zu, die unter der Bezeichnung "Aktionsräume" seit einigen Jahren bekannt wurde, obgleich gegenwärtig erst relativ wenige empirische Untersuchungen vorliegen. Der Stand der Forschung wird eingehend im folgenden Kapitel dargestellt.

Die Untersuchung der Aktionsräume von Stadtbewohnern ist von gleichermaßen theoretischem wie praktischem Interesse. Die wichtigsten Annahmen, mit denen sich diese Forschungsrichtung begründen läßt, sind:

1. Je größer die Fläche einer Stadt ist, desto geringer wird relativ die Kenntnis der Stadtbewohner von ihrer Stadt und deren Ausstattung mit Einrichtungen ("Gelegenheiten") sein. Die Stadtbewohner werden nur einen Teil dieser Stadt kennen, von dem ihnen bekannten Teil wiederum nur einen Teil der Gelegenheiten aufsuchen. Wir können daher eine zeitlich und räumlich selektive Benutzung der Stadt (Orte, Gelegenheiten) feststellen.

2. Mit der Expansion der Stadt, ihrer Ausdehnung in der Fläche, sind Verlagerungen von Arbeits- und Wohnstätten verbunden. Es ist in den Großstädten hochindustrialisierter Länder eine zunehmende räumliche Streuung der Gelegenheiten (Dispersion) einerseits und eine "dezentralisierte Zentralisierung" (BURGESS 1925) nachzuweisen. Letztere führt zu einer steigenden Bedeutung der Stadtteil- oder Subzentren gegenüber dem traditionellen Oberzentrum, der City der Stadt. Die zunehmende Bedeutung solcher Subzentren ist u.a. an Veränderungen in den Umsätzen, Veränderungen des Verkehrsaufkommens und V eränderungen in der Zahl und Art der in den einzelnen Zentren ausgeübten Aktivitäten erkennbar.

3. Beide Überlegungen führen auf das grundsätzliche Problem, in welchem Maße die Ausstattung der Wohnumgebung mit Gelegenheiten die Art der Aktivitäten von Stadtbewohnern beeinflußt. Vergrößert ein großes und vielfältiges Angebot an Gelegenheiten in der Wohnumgebung die Vielfalt der Aktivitäten von Personen?

4. Diese Überlegungen schließlich führen auf verhaltenstheoretische
Probleme, nämlich: Unter welchen Bedingungen üben Individuen bestimmte
Aktivitäten aus? Hierzu läßt sich als orientierende Annahme das von
ZIPF (1949) formulierte "Prinzip der geringsten Anstrengung" heranziehen:
Individuen streben danach, den Aufwand an Energie, Zeit und Kosten zu
minimieren.

Diese Annahmen führen auf folgende Fragen, die der Studie zugrundeliegen:
- An welchen Orten werden welche Aktivitäten von wem ausgeübt?
- In welchem Ausmaße benutzen die Bewohner der Stadt die einzelnen
  Teile des städtischen Gebietes?
- Lassen sich für einzelne Bevölkerungsgruppen typische Aktionsräume
  bestimmen?
- Wenn ja: Welche Bedingungen beeinflussen das Entstehen, die Art und die
  Größe derartiger Aktionsräume?

Um einen Teil der aufgeführten Fragen zu beantworten und einige Hypothesen
über die Bedingungen außerhäuslicher Aktivitäten zu prüfen, wurden das
Zeitbudget und die außerhäuslichen Aktivitäten der Bewohner von drei Neubausiedlungen in Hamburg untersucht. Das Verhalten der Bewohner von Neubausiedlungen zu untersuchen, empfahl sich insbesondere deshalb, weil gerade über die Ausstattung von Neubausiedlungen mit Gelegenheiten eine umfangreiche Diskussion in der sozialwissenschaftlichen und städtebaulichen
Literatur besteht. Diese Diskussion läßt sich bis zu den unterschiedlichen
Richtwerten verfolgen, die für einzelne Gelegenheiten angegeben werden
(vgl. die ausführliche Darstellung von BORCHARDT 1974). Der Festlegung
derartiger Richtwerte liegt ja implizit die Annahme zugrunde, daß Art und
Umfang der Aktivitäten von Siedlungsbewohnern durch die Art und die Erreichbarkeit des Angebots an Gelegenheiten in der Siedlung und einem nahe-
gelegenen Zentrum beeinflußt werden.

Verwertbarkeit. Die Ergebnisse solcher Studien haben zunächst beträchtlichen deskriptiven Wert für stadtplanerische Maßnahmen. Zum einen wird erkennbar, in welcher Form die Bewohner unterschiedlicher Teile der Region Gelegenheiten in der Region in Anspruch nehmen und mit welchen Aktivitäten sie sich wohin orientieren. Die Ergebnisse können weiter Aufschluß geben über die Bedeutung des Oberzentrums im Vergleich zu Subzentren. Sie liefern Hinweise auf die Verkehrsplanung, nämlich in der Form, welche Gruppen für welche Aktivitäten welche Verkehrsmittel wählen.
Schließlich wird erkennbar, welche Maßnahmen zur Ausstattung des Wohnumfeldes von Einfluß auf die Aktivitäten der Bewohner sind. Hierzu gehören auch Ergebnisse, die sich für die Standortplanung und für die Auslastung von Gelegenheiten (also infrastrukturellen Einrichtungen) verwerten lassen.

Präziser formuliert, sind auf der Ebene "Individuen" Aussagen über die Verteilung der Aktivitäten nach Merkmalen der Personen/Haushalte zu erwarten sowie Aussagen über die Elastizität von Zeitbudgets und die Struktur von Aktionsräumen. Auf der Ebene "städtisches Teilgebiet" sind Aussagen über die Ausstattung mit Gelegenheiten zu erwarten. Auf der Ebene "Stadtregion" sind Aussagen über die Verflechtung städtischer Teilgebiete, in Abhängigkeit vom Verkehrssystem, zu erwarten. Schließlich können Aussagen über den Auslastungsgrad von Gelegenheiten formuliert werden.

Grundsätzlich ist hier die Überlegung einzuführen, daß städtebauliche Maßnahmen sich nicht direkt darauf richten können, das Verhalten der Bevölkerung in der Stadt zu beeinflussen. Sofern hiermit sozialpolitische Maßnahmen gemeint sind, die dazu geeignet sein sollen, soziale Ungleichheit zu verringern, so können derartige Maßnahmen nur indirekt wirken: Nämlich durch ein Angebot an infrastruktureller Ausstattung, also in der hier gewählten Terminologie, an Gelegenheiten. Ob und inwieweit dieses Angebot genutzt wird und welchen Zeit/Kostenaufwand Personen bereit sind aufzubringen, um einzelne Gelegenheiten aufzusuchen, bleibt zu erforschen.

Derartige Anwendungen von Aussagen setzen allerdings eine strenger formulierte und besser geprüfte aktionsräumliche Theorie voraus, als sie gegenwärtig vorliegt. Wir sehen daher die besondere Aufgabe dieser Studie darin, die Theorie zu präzisieren und die angemessenen Möglichkeiten der Analyse darzustellen. Der Stand der Forschung rechtfertigt u.E. den methodologischen und methodischen Aufwand.

Übersicht 1: Studien zur Analyse von Aktionsräumen

Merkmal	FOLEY 1950	CHAPIN & HIGHTOWER 1964	1965	HEIDEMANN & STAPF 1969	DORR 1972	KUTTER 1973
Methode	Interview	Interview	Interview	Interview; Zeitbudget	Interview	Interview
Stichprobe Ort(e)	St. Louis: Mittelschicht-Wohngebiet, 7 - 1o km von CBD entfernt	Durham, N.C.: "Repräsentative" Stichprobe von Haushalten (Ehepaare mit oder ohne Kinder).	Durham, N.C.: Zwei Gebiete, eines mit unter-, eines mit überdurchschnittlichem Haushaltseinkommen; ein suburbanes, ein CBD-angrenzendes Gebiet	Braunschweig; Drei Wohngebiete: citynahes (o,8 km) Neubaugebiet, intermediäres (2,o km) Altbaugebiet, peripheres (3,5 km) Neubaugebiet	Region Hamburg: Neue Wohnsiedlungen im Süden v. Hambg.., ca. 3o km vom CBD entfernt	Braunschweig: Zwei Gebiete, Altbaugebiet nahe CBD, peripheres Neubaugebiet
Erhebungs-/Untersuchungseinheit	Ein erwachsenes Familienmitglied, Angaben für alle Familienangehörigen	In 5o % der Fälle der (männliche) Haushaltsvorstand, in 5o % die Frauen	Erwachsenes Haushaltsmitglied, in 5 % der Fälle mit Haushaltsvorstand	Hausfrauen in Familien mit zwei Kindern im Haushalt, 25 - 45 Jahre alt, nicht erwerbstätig, in Mietwohnungen	Meist Haushaltungsvorstand	
N	4o1 Familien	244 Personen	121 Personen	12o Personen	1.427 Haushalte	

Forts. Übersicht 1

Merkmal	ELLIOTT, HARVEY & PROCOS 1973	CHAPIN 1974	CHAPIN & FOERSTER 1975
Methode	Interview; Tagebuch	Interview	Interview
Stichprobe Ort(e)	Halifax-Dartmouth-Region Kanada: Drei Teilgebiete der Region: Halifax, Dartmouth und ein Suburb	Washington, D.C.: Drei Studien: Gesamte Stadtregion, CBD-nahes Gebiet mit farbiger Bevölkerung, suburbanes Gebiet mit weißer Bevölkerung	Washington, D.C.: Zwei Wohngebiete mit Bewohnern niedrigen Einkommens, eines überwiegend weiße, eines überwiegend schwarze Bevölkerung
Erhebungs-/Untersuchungseinheit	Regionale Teilgebiete, Haushalte, Personen		Haushalte mit Jugendlichen im Alter von 13 - 17 Jahren, 6o % weiblich, 4o % männlich
N	2.oo2 Personen	1.667 Personen	668 Personen

Merkmal	KLINGBEIL 1976	BECKER & KEIM 1977	MICHELSON 1977
Methode	Interview; Tagebuch	Interview; Tagebuch	Interview
Stichprobe Ort(e)	München: Drei Gebiete- CBD-nahes Altbaugebiet, Neubaugebiet in mittl. Entf. zum CBD, Umlandgemeinde	Berlin (West), Periphere Neubausiedlung 12 km vom histor. CBD entfernt	Stadtregion Toronto: Vier städt. Teilgebiete: Einfamilienhaus-Gebiet in citynaher Lage und in einem Suburb, Mehrfamilienhaus-Gebiet (Gebäude mit 5 und mehr Geschossen) in citynaher Lage und in einem Suburb
Erhebungs-/Untersuchungseinheit	Nichtganztätig erwerbstätige Hausfrauen	Personen über 18 Jahren; 519 Haushalte; 52 % Frauen, 48 % Männer	Familien in generativer Phase, mit/ohne Kinder unter 18 Jahren, mittl. Einkommens, die in eines der Gebiete umziehen wollten. Interview mit Hausfrau, z.T. zusätzlich mit Ehemann u. Kind.
N	7oo Personen	943 Personen	761 Personen (Hausfr.)

2.   ZUM STAND AKTIONSRÄUMLICHER FORSCHUNG

Gegenstand der Forschungen über Aktionsräume ist, die Verteilung von Aktivitäten einzelner Personen über Bevölkerungsgruppen über einen Raum, zumeist den einer Stadt oder Stadtregion, zu untersuchen. Der Aktionsraum
eines Individuums ist jener Raum (meist nur zweidimensional: das Gebiet),
der durch die Orte, an denen es Aktivitäten ausübt, gebildet wird. Bei der
Untersuchung von Aktionsräumen in Städten oder Stadtregionen werden nur
die außerhäuslichen Aktivitäten betrachtet. Es ist jedoch ebenso möglich,
Aussagen dieser aktionsräumlichen Theorie auf die Benutzung z.B. der Wohnung anzuwenden, wie es inzwischen durch KIEHL (1978) geschehen ist.

Der Ausdruck "Aktionsraum" (DÜRR 1972) entspricht weitgehend Bezeichnungen,
die von anderen Autoren verwendet werden, so z.B. "Aktionsradius" (KLING-
BEIL 1969, 1976), "Aktionsbereich"(KUTTER 1973) oder "activity space"
(HORTON & REYNOLDS 1971).

Empirisch wird der Aktionsraum eines Individuums dadurch bestimmt, daß die
Menge aller mit einer definierten Mindesthäufigkeit von ihm aufgesuchten
Orte kartiert und die jeweils äußeren Punkte einschließlich des Wohnstandortes verbunden werden (z.B. CHAPIN & HIGHTOWER 1965). Dieses Verfahren
ist insofern unbefriedigend, als damit der Fehler gemacht wird, aus einer
Menge von Punkten eine Fläche oder einen Raum zu konstruieren, obgleich
nicht alle Punkte der Fläche/des Raumes aufgesucht werden.

Die Erforschung von Aktionsräumen im engeren Sinne ist relativ neu, rechnet man nicht nachträglich Studien hinzu, in denen auch nach den Orten gefragt wurde, an denen Individuen Aktivitäten ausüben, wie es z.B. in einigen Zeitbudget-Studien geschehen ist. Die uns bekannten Studien sind in
Übersicht 1 aufgeführt. Diese Aufstellung ist insofern unvollständig, als
sich unter den zahlreichen Zeitbudget-Studien solche befinden, in denen
auch die Aktivitätsorte in sehr grober Klassifikation (z.B. häuslich -
außerhäuslich) erhoben werden. Auch sind jene Studien nicht einbezogen,
die Aktivitäten und Aktivitätsorte ohne Zeitbudget unter Aspekten der Verkehrsplanung untersuchen, z.B. HEMMENS 1966, SORGO 1977.

Die Erforschung von Aktionsräumen ist daher eine Ergänzung zur traditionellen Forschung über Einzugsbereiche von Gelegenheiten. Nicht der Standort einer Gelegenheit und die Herkunft ihrer Benutzer (Einzugsbereich), sondern der Wohnstandort eines Individuums/eines Haushaltes und deren Aktivitäten im städtischen Raum sind der räumliche und theoretische Ansatzpunkt. Der Wohnstandort - und nicht der Standort der Arbeitsstätte - wird deshalb zum analytischen Ausgangspunkt gewählt, weil nach den vorliegenden empirischen Ergebnissen für die überwiegende Zahl der Tätigkeiten der Wohnstandort der Ausgangspunkt ist.

Der Ausdruck "Gelegenheiten" ist eine Übernahme des englischen Ausdrucks "facilities", hierunter zählt auch die Wohnung.

Gelegenheit   = df. öffentliche oder private Einrichtung in
                  einer Stadt.

Nutzung   = df. städtebauliche Kategorie der Flächenart.

In den aktionsräumlichen Forschungen wird die Ausübung einer Aktivität an einem Ort mit a) Merkmalen des Individuums und seiner Beziehungen zu anderen Mitgliedern des Haushalts, b) Merkmalen der Ausstattung der Wohnumgebung (Art und Erreichbarkeit von Gelegenheiten) und c) Merkmalen der Gelegenheiten erklärt. Es werden demnach drei Gruppen von Variablen (Dimensionen) zur Erklärung verwendet; daher überschneiden sich in der Erforschung von Aktionsräumen mehrere Forschungsrichtungen und Theorien:

1. Theorien zur Spezifikation der Verteilung von Gelegenheiten über das städtische oder stadtregionale Gebiet, u.a. sozialökologische Beschreibungen des Prozesses der Dispersion und Dezentralisierung.

2. Theorien zur Spezifikation der Beziehung zwischen Flächennutzung, Gelegenheiten und Aktivitäten von Stadtbewohnern.

3. Theorien zur Benutzung von Gelegenheiten in Abhängigkeit von der Entfernung der Gelegenheiten vom Wohnstandort und der Art der Aktivitäten, z.B. Gravitationsmodelle und der Modifikationen (z.B. HÄGERSTRAND 1957, HANSEN 1959, STOUFFER 1940, ZIPF 1949).

4. Teile der Zeitbudgetforschung, da die aktionsräumlichen Erhebungen
nicht nur die Aktivitäten und Aktivitätsorte von Individuen erfassen,
sondern auch die Dauer einzelner Aktivitäten im Rahmen des gesamten Zeitbudgets von Individuen (vgl. die Darstellung von BLASS 1978).

5. Verhaltenstheoretische Erklärungen für die Ausübung einzelner Aktivitäten (vgl. z. B. OPP 1972; für die Werterwartungstheorie: LANGENHEDER
1975, OPP 1978).

Im folgenden wird ein knapper Überblick über den Stand der aktionsräumlichen Forschung gegeben. Wir gehen dabei weitgehend auf die ausführliche
Darstellung von FRIEDRICHS (1977, Kap. 8) zurück, insbesondere die dort
entwickelte Theorie. Zusätzlich werden einige unpublizierte Studien einbezogen, die dort noch nicht berücksichtigt werden konnten.

2.1 Stadtstruktur, subjektive Stadtpläne und Aktionsräume

Wir gehen von den Annahmen aus, daß Stadtbewohner eine unvollständige
Kenntnis ihrer Stadt haben und von den ihnen bekannten Teilen wiederum
nur einen Teil benutzen oder aufsuchen."Stadtbewohner nehmen eine zweistufige Selektion der räumlichen Ausstattung des Stadtgebietes vor.
Dies führt zu drei Räumen: Der objektiven Stadtstruktur, die größer ist
als der subjektive Stadtplan, der wiederum größer ist als der Aktionsraum. Es verringert sich die Menge der Ausstattungen von der objektiv
vorhandenen zu der davon subjektiv wahrgenommenen bis zu den dann schließlich benutzten Gelegenheiten." (FRIEDRICHS 1977, S. 3o6).
Diese Annahmen veranschaulicht Abb. 1.

Abbildung 1: Schematische Darstellung der Annahmen über die subjektive
Reduktion des städtischen Raumes (FRIEDRICHS 1977, S. 3o7)

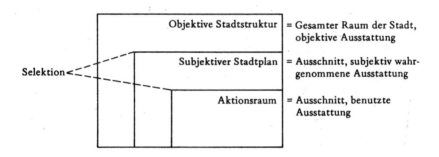

Die objektive Stadtstruktur umfaßt die gesamte Ausstattung des städtischen Gebietes (z.B. der Stadt in ihren administrativen Grenzen), also
alle Gelegenheiten, Verkehrswege etc. Demgegenüber ist der subjektive
Stadtplan der subjektiv wahrgenommene Ausschnitt der objektiven Stadtstruktur. Solche subjektiven Pläne der Umwelt werden in der angelsächsi-
schen Literatur auch als "mental maps" oder "cognitive maps" bezeichnet.
Der Aktionsraum schließlich ist die Menge aller von einem Stadtbewohner
aufgesuchten Orte und Gelegenheiten des städtischen Gebiets. (Die Unterscheidung erfordert also, ein Gebiet, hier: Die Stadt in ihren administrativen Grenzen, und die Art der Person, hier: Stadtbewohner, festzu-
legen).

Zur Gestalt von subjektiven (Stadt-)Plänen liegen außer der klassischen Studie von LYNCH (1965) zahlreiche weitere Untersuchungen vor (u.a. APPLEYARD 197o, DOWNS & STEA 1977, GOLLEDGE & ZANNARAS 1973, TILLY 1967, sowie die Studien in DOWNS & STEA 1973; vgl. die Darstellung von GRAUMANN 1974). Übereinstimmend berichten die Studien, daß die subjektiven (Stadt-) Pläne die objektive Struktur a) unvollständig und b) verzerrt abbilden. Die Art der Verzerrung ist nach den vorliegenden Ergebnissen u.a. von der subjektiven Wertschätzung der Einrichtungen, von der Vertrautheit mit einem Gebiet, von der Zahl der einprägsamen Elemente und von der Zahl der in einem Gebiet ausgeübten Aktivitäten abhängig. Da hier nur der Zusammenhang von subjektivem Stadtplan und Aktionsraum bedeutsam ist, sei für eine ausführlichere Darstellung der subjektiven Stadtpläne auf FRIEDRICHS (1977, S. 3o7 ff) sowie auf GRAUMANN (1974) verwiesen.

Die eben genannten Merkmale dienten zur Erklärung der Art der Verzerrung des subjektiven Stadtplanes gegenüber der objektiven Stadtstruktur. Davon zu trennen sind Erklärungen dafür, welche Elemente der objektiven Stadtstruktur überhaupt in den subjektiven Stadtplan aufgenommen werden, also die Bedingungen der ersten Selektion in Abb. 1. Bislang ist noch keine streng formulierte Theorie entwickelt worden, um das Entstehen des subjektiven Stadtplanes oder allgemeiner der "mental maps" zu erklären. Der fruchtbarste Ansatz dürfte sein, lerntheoretische Hypothesen anzuwenden (vgl. TOLMAN 1948), da hiermit die vorliegenden Forschungsergebnisse am besten vereinbar sind. Wahrnehmung wird vor allem durch die Aktivitäten einer Person gelenkt, durch Handlungen in einer Umwelt lernt ein Individuum, diese genauer wahrzunehmen.

Wir gehen schließlich von der Annahme aus, daß ein Stadtbewohner nur in einem sehr geringen Maße die Stadt um ihrer selbst willen erkundet, - sozusagen um den subjektiven Stadtplan der objektiven Stadtstruktur anzunähern.

Es ist zu vermuten, daß die Aufnahme eines Elementes der objektiven Stadtstruktur in den subjektiven Stadtplan von folgenden Bedingungen abhängt:
- Primäre Information durch Ausführung notwendiger Aktivitäten, z.B. Einkaufen, Aufsuchen der Arbeits- und/oder Ausbildungsstätte, Besuch von Bekannten und Verwandten;
- Primäre Information durch Passieren eines Gebietes in einem oberirdischen Verkehrsmittel oder zu Fuß;

- Sekundäre Information durch Massenmedien, Bekannte, Verwandte;
- Merkmale der Person, z.B. Alter, Stellung im Lebenszyklus, Geschlecht,
  Erwerbstätigkeit.

Diese Annahmen führen auf die weitere Annahme, daß der subjektive Stadtplan ein zunächst diffuser, auf sekundären Informationen beruhender Plan
ist, der dann überwiegend durch die Aktivitäten einer Person im städtischen Gebiet erweitert und präzisiert (im Sinne einer verringerten Verzerrung gegenüber der objektiven Stadtstruktur) wird. Das bedeutet, daß
die Aktionräume die subjektiven Stadtpläne erweitern. Wir können dann auch
annehmen, daß der Informationsverlust von der objektiven Stadtstruktur zum
subjektiven Stadtplan größer ist als der vom subjektiven Stadtplan zum
Aktionsraum.

2.2 Dimensionen und Variablen der Analyse

2.2.1 Objektbereich

Im Gegensatz zu dem subjektiven Stadtplan enthält der Aktionsraum einer
Person nur jene Orte, die von einer Person auch tatsächlich benutzt werden.

Aktionsraum = df. Menge der von einer Person zur Ausübung von
       Aktivitäten aufgesuchten Orte

Um einen Aktionsraum empirisch abzugrenzen, ist es erforderlich:
1. die Zahl und Lage der aufgesuchten Orte zu bestimmen,
2. die Art der Aktivitäten zu bestimmen,
3. die Häufigkeit, mit der eine Gelegenheit innerhalb eines bestimmten
   Zeitraumes mindestens aufgesucht werden muß, um einbezogen zu werden,
   zu bestimmen,
4. kombinierte Zeit- und Aktivitätenbudgets zu erheben, wobei das Ausmaß
   der Genauigkeit und Differenziertheit der Erhebung vom Untersuchungs-
   ziel abhängt,
5. die Erhebungs-, Untersuchungs- und Aussageeinheit zu begründen:
   so können Haushalte die Erhebungseinheit sein, hingegen in den Haus-
   halten nur Personen befragt werden; letztere stellen dann die Unter-
   suchungs- und Aussageeinheit dar. Dabei ergibt sich die Schwierigkeit,
   daß das Verhalten von Personen in Mehrpersonenhaushalten von Merkmalen
   der anderen Personen des Haushaltes abhängig ist (z.B. Alter der Kinder,
   Verfügbarkeit über einen PKW). Der Haushalt kann demnach als ein kon-
   textuelles Merkmal der jeweils befragten Person eines Mehrpersonenhaus-
   haltes interpretiert werden.

Der Aktionsraum wird bei einigen Autoren durch eine Zusammenfassung der
Aktivitätsorte mittels einer Verbindung der jeweils entferntesten Aktivitätsorte in einem definierten Raum durch Linien   gebildet. Die zwischen
den Punkten liegenden Flächen (und die darin befindlichen Gelegenheiten)
werden also einbezogen, ohne daß sie zum subjektiven Stadtplan gehören
müssen und von der jeweils betrachteten Person aufgesucht werden. Daher
stellt jede räumliche Kartierung des Aktionsraums einer Person eine - auch
gemessen an der o.g. Definition - fehlerhafte Vereinfachung dar.

Auf S. 6 ist der Gegenstand der aktionsräumlichen Forschung bezeichnet worden. Wie die nachfolgenden Überlegungen erkennen lassen, ist der Stand dieser Forschungen nicht fortgeschritten genug, um zu einer einheitlichen

Theorie geführt zu haben. Die wichtigsten Gründe hierfür dürften sein, daß weder die zu erklärenden Sachverhalte (abhängige Variablen) noch die Ebenen der erklärenden Bedingungen (unabhängige und intervenierende Variablen) sowie deren Beziehungen untereinander hinreichend spezifiziert worden sind.

Daher erscheint es erforderlich, zunächst den Objektbereich der Untersuchung dadurch zu präzisieren, daß die zu erklärenden Sachverhalte aufgeführt werden. Es sind:
1. Art der Aktivität
2. Ort der Aktivität (Entfernung von der Stadtmitte oder vom Wohnstandort)
3. Zeitpunkt (Tageszeit, Wochentag, Saison)
4. Dauer
5. Häufigkeit (pro Tag, Woche, Monat oder Jahr)
6. Aufeinanderfolge (Stellung einer Aktivität in einer Sequenz von Aktivitäten)
7. Interaktionspartner
8. Heterogenität der Aktivitäten (u.a. von Personen, an Orten, in Zeiträumen).

Wenn hier von "zu erklärenden Sachverhalten" gesprochen wird, so sind damit Beziehungen unter den aufgeführten Merkmalen nicht ausgeschlossen. So ist es naheliegend, daß die Art der Aktivität die Häufigkeit, mit der sie ausgeübt wird, beeinflußt. Ebenso kann eine hohe positive Korrelation zwischen der Häufigkeit und dem Ort (gemessen durch die Entfernung vom Wohnstandort) einer Aktivität bestehen.

Um aktionsräumliche Forschungen insbes. gegen Zeitbudget-Forschungen abzugrenzen, schlagen wir vor, zur Aktionsraumforschung nur solche Studien zu rechnen, in denen der Ort untersucht wird, an dem Aktivitäten ausgeführt werden. Reine Aktivitätsstudien, reine Zeit-Aktivitätsstudien u.ä. sind damit von diesem Forschungsbereich ausgeschlossen. Das hat den Vorteil, allgemeine Verhaltenstheorien oder Zeitbudget-Studien als gesonderte Gebiete betrachten zu können. Deren Theorien (soweit sich im Bereich der Zeithudgetforschungen überhaupt davon sprechen läßt) sind dann Anschlußtheorien für die aktionsräumlichen Theorien.

Um Merkmale der Aktionsräume von Stadtbewohnern zu erklären, sind in den vorliegenden Studien unterschiedliche Theorien verwendet worden. Es handelt sich dabei nicht um Anwendungen _einer_ generellen Theorie (z.B. der Verhaltenstheorie), sondern um eine Reihe erklärender Variablen, die jeweils mehr oder minder gut begründet eingeführt werden, z.B. Alter, Erwerbstätigkeit, sozialer Status, Erreichbarkeit. Versucht man, die so gewonnenen Ergebnisse -soweit sie vergleichbar sind- zu systematisieren, so gelangt man zu dem Kausaldiagramm in Abb. 2.

Ein anderes Beispiel ist das Modell von CHAPIN, das mehreren Studien zugrundeliegt (CHAPIN 1974, CHAPIN & FOERSTER 1975). Es ist in Abb. 3 wiedergegeben. Das Modell bildet jene Variablengruppen und deren Zusammenhänge ab, mit denen Aktivitätsmuster erklärt werden sollen, - was den Aktivitätsort als einem Merkmal des "Musters" einschließen dürfte, wie sich aus dem Text (CHAPIN 1974, S. 32 ff) interpretieren läßt. Drei Eigenschaften des Modells seien herausgehoben: Zum einen wird die Bereitschaft, eine Aktivität auszuüben, nicht nur von Dispositionen, sondern auch von "Rollen", hier verstanden als Handlungsrestriktionen, abhängig gemacht. Zweitens werden nicht die objektive Lage und Ausstattung einer Gelegenheit, sondern die subjektiv perzipierten Merkmale der Gelegenheit als erklärende Merkmale verwendet. Schließlich wird drittens erst durch die Kombination (genauer: den additiven Effekt) von individueller Bereitschaft und wahrgenommener Gelegenheit das Aktivitätsmuster erklärt.

Wir vernachlässigen im folgenden die beträchtlichen Probleme der Definition und Messung der Merkmale des Modells, erörtern stattdessen nur den dritten Punkt. Die Erklärung des Aktionsraumes von Individuen erfordert demnach sowohl Merkmale der Individuen als auch solche der Wohnumgebung und der Gelegenheiten zu berücksichtigen. Wir können dann individualistische Theorien zur Erklärung der Aktionsräume formulieren (Merkmale der Individuen als erklärende Merkmale), müssen jedoch auch den Kontext, nämlich die Ausstattung der Wohnumgebung und die der Gelegenheiten berücksichtigen.

Abbildung 2: <u>Kausaldiagramm einiger aktionsräumlicher Hypothesen</u>

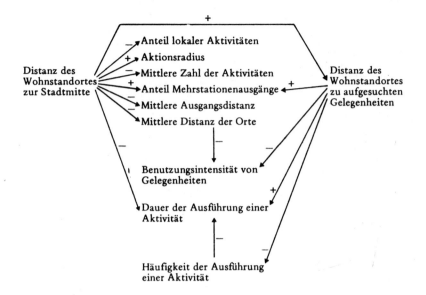

Abbildung 3: Allgemeines Modell zur Erklärung von
Aktivitätsmustern (CHAPIN 1974, S. 33)

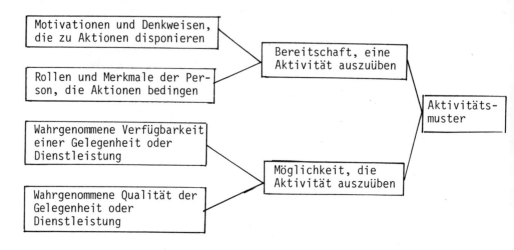

Es erscheint daher sinnvoll, in eine Theorie aktionsräumlichen Verhaltens
nicht nur Merkmale der Individuen als erklärende Merkmale aufzunehmen,
sondern auch solche der Wohnumgebung, d.h. es ist eine Mehrebenenanalyse
erforderlich, in der auch die Kontexteffekte spezifiziert werden. Eine
Theorie bedient sich dann der Mehrebenenanalyse, wenn in ihr gleichzeitig
Aussagen über Kollektive (z.B. Quartier, städtisches Teilgebiet) als auch
über die Mitglieder dieser Kollektive (z.B. Quartiersbewohner) gemacht werden. Die Gegenstände niedriger Ordnung (synonym : Ebene) sind hierbei Elemente der Gegenstände höherer Ordnung (vgl. HUMMELL 1972, S. 12 f).

Zu unterscheiden sind dann einerseits verschiedene Ebenen der Analyse,
zumeist:
- Ebene "Stadt"   : Verteilung der Individuen, Vertei-
                                          lung der Gelegenheiten
- Ebene "städtisches Teilgebiet"   : Verteilung der Individuen, Vertei-
                                          lung der Gelegenheiten
- Ebene "Individuum"/"Bewohner"   : Merkmale des Individuums,
                                          Merkmale der Gelegenheiten
als Erklärung der Aktivitäten und Aktivitätsorte, sowie andererseits
- der Zusammenhang von Gelegenheiten - Erreichbarkeit - Aktivitäten,

der alle drei Ebenen zueinander in Beziehung setzt. Die "gesuchte" Theorie hat sowohl die Verbindung unterschiedlicher Gegenstandsbereiche (Raum und Verhalten) als auch die Beziehung zwischen Kollektiven und Individuen (also den Ebenen) herzustellen. Ein Beispiel: Wir vermuten, daß das individuelle Merkmal "Heterogenität der Aktivitäten einer Person" (x) u.a. sowohl von dem individuellen Merkmal "Schulbildung" (y) als auch u.a. von dem kollektiven Merkmal "Heterogenität der Gelegenheiten in der Wohnungsumgebung" (Z) beeinflußt wird.

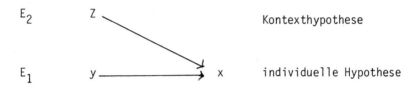

2.2.2 Der Zusammenhang von Aktivitäten und Gelegenheiten

Wir haben im vorangegangenen Abschnitt die Frage erörtert, welche Struktur die Theorie aktionsräumlichen Verhaltens aufweisen muß, welche Sachverhalt zu erklären sind und welche Ebenen der Analyse erforderlich sind. Dabei wurde erkennbar, daß nicht nur Merkmale der Individuen, sondern auch solche der Ausstattung der Wohnungsumgebung bedeutsam sind. Dieser Zusammenhang zwischen Aktivitäten und Gelegenheiten soll im folgenden ausführlich behandelt werden, zumal hierzu zahlreiche Aussagen in der Literatur zu sozialräumlichen Disparitäten vorliegen. Ansätze zur Präzisierung dieses Zusammenhanges finden sich bei FRIEDRICHS (1977, S. 89 ff, 94 ff), sie seien hier weitergeführt.

Ausgangspunkt ist der Sachverhalt, daß Individuen Aktivitäten ausüben, wobei die Art der Aktivität von Merkmalen der Individuen abhängt, z.B. dem Alter, dem Geschlecht, dem Einkommen. Da Aktivitäten jedoch nicht im "luft leeren Raum" ausgeübt werden, bedarf es der Gelegenheiten, um Aktivitäten auch auszuüben. Dabei kann eine doppelte Asymmetrie vermutet werden: Zum einen kann eine Aktivität in mehreren Gelegenheiten, zum anderen können in einer Gelegenheit mehrere Aktivitäten ausgeführt werden.

Die Aktivität "Schwimmen" kann u.a. in einer öffentlichen Schwimmhalle, in einem privaten Schwimmbecken auf eigenem Grundstück oder an der See ausgeführt werden. Andererseits kann eine Gelegenheit für eine oder mehrere Klassen von Aktivitäten bestimmt oder genutzt werden.(Den Unterschied zwischen den geplanten und den tatsächlich ausgeführten Aktivitäten vernachlässigen wir hier.) Ein entsprechendes Beispiel gibt ROSOW (1974, S. 185), in dem er zeigt, daß eine gemeinschaftlich genutzte Wäscherei in der Siedlung auch zum Treffpunkt der Siedlungsbewohner wurde, also zur Ausführung mehrerer Aktivitäten benutzt wird. Ein weiteres Beispiel sind Bahnhöfe in Großstädten, die keineswegs nur die Aktivitäten "Kauf von Fahrkarten" und "Benutzung von Zügen" aufweisen, sondern ebenfalls "Einkaufen", "Sich-Unterhalten", "Sich-Treffen", u.a. von Ausländern und Homosexuellen.

Die Ausführung einer Aktivität wird demnach durch die Zahl, Art und Güte der Gelegenheiten in einem städtischen Teilgebiet bestimmt, die die jeweilige Aktivität ermöglichen. Zudem sind die Erreichbarkeit einer Gelegenheit und die Distanzempfindlichkeit der Aktivität bedeutsame Bedingungen.

Ob und welche Gelegenheit bei welcher Erreichbarkeit ein Individuum zur
Ausführung einer Aktivität aufsucht, oder ob es auf die Ausführung verzichtet, dürfte nicht nur von der geographischen Distanz, sondern auch
von der individuellen ökologischen Distanz (Zeit-/Kostenaufwand) abhängig
sein. Voraussetzung für eine Verhaltensentscheidung unter diesen Bedingungen ist allerdings, daß das Individuum das Angebot der möglichen Aktivitätsorte wahrnimmt, also die Perzeption der Gelegenheiten. Diese Faktoren sind aber auch die erklärenden Merkmale der aktionsräumlichen Theorie,
da der Aktionsraum ja dasjenige Gebiet ist, welches durch die Menge der
Aktivitätsorte gebildet wird. Diese Hypothesen lassen sich durch Anschlußtheorien erweitern, z.B. eine Theorie, welche die Bedingungen spezifiziert,
die die Variation der Ausstattung städtischer Teilgebiete mit Gelegenheiten beeinflussen. Auf der Ebene "Stadt" wäre die Verteilung einzelner Gelegenheiten zu beschreiben und zu erklären.

Die Hypothese sozialräumlicher Disparität. Besondere Bedeutung kommt dem
Zusammenhang zwischen Aktivitäten und Gelegenheiten in den Aussagen einiger Autoren zur sozialräumlichen Disparität zu. Diese Überlegungen gehen
von einer sozialen Ungleichheit und einer räumlichen Ungleichheit aus, d.h.
einer ungleichen Ausstattung städtischer Teilgebiete mit Gelegenheiten.
Übereinstimmend wird vermutet, daß

- die Ausstattung citynaher Teilgebiete (Teilgebiete geringer Entfernung
  zum CBD) mit Gelegenheiten ("Infrastruktur") gut, die von peripheren Gebieten, insbesondere von peripheren Neubausiedlungen hingegen schlecht
  sei;
- die Ausstattung von städtischen Teilgebieten mit infrastrukturellen Einrichtungen schichtspezifisch sei, genauer: je höher der (gemeint ist:
  gemittelte) soziale Status der Bewohner eines Teilgebietes ist, desto
  besser ist auch die Ausstattung des Gebietes mit Gelegenheiten (u.a.
  HERLYN 1974, S. 18; HERLYN & HERLYN 1977, S. 18 f, IIo).

Beide Annahmen stammen aus zwei unterschiedlichen Forschungstraditionen:
denen über Neubausiedlungen, vor allem deren Anfangsphase, und denen über
"horizontale Disparitäten". Die These von den "horizontalen Disparitäten",
d.h. einer "ungleichgewichtigen Befriedigung der menschlichen Lebensbe-
dürfnisse" geht auf BERGMANN u.a. (1969, S. 82) zurück. Gemeint ist damit, daß neben den Unterschieden in den Einkommen und dem Besitz auch die
mangelnde infrastrukturelle Ausstattung bzw. der Zugang zu ihr in einer
angemessenen gegenwärtigen Theorie sozialer Ungleichheit berücksichtigt

werden müsse. Die wohl zentrale These der Autoren lautet: "Im unteren
Bereich der Einkommensskala kumulieren sich gleichsam die Effekte distri-
butiver Benachteiligung und horizontaler Disparität." (BERGMANN u.a.,
S. 85). Die von den Autoren noch der empirischen Forschung zugewiesene
Aufgabe, "die konkreten Formen der Verschränkung vertikaler Ungleichheit und horizontaler Disparität zu untersuchen" (ibid., S. 87) ist inzwischen von zahlreichen Autoren aufgegriffen worden, - wenngleich nicht
in empirischen Untersuchungen. So vermuten THROLL u.a. (1974, S. 239):
"So kann z.B. die überproportionale Ausstattung eines Arbeiterwohngebietes
mit Bildungsinfrastruktureinrichtungen für die dort lebenden Menschen
durchaus die Chance (oder: den Ansatz) zu einem Ausgleich für die sonst
disparitären Lebensbedingungen bedeuten." Ähnliche Überlegungen sind von
BILLERBECK (1975, S. 2oo) und KORFMACHER (1973) vorgetragen worden. In
diesem Sinne fordert auch der STÄDTEBAUBERICHT 1975 (S. 47), daß die Bau-
leitplanung verstärkter Lenkungs- und Eingriffsmöglichkeiten bedarf, um
die Versorgung der Bevölkerung mit infrastrukturellen Einrichtungen zu
verbessern, speziell eine "bedarfsgerechte, bürgernahe Versorgung; Abbau
sozialer Benachteiligungen".

Die empirische Prüfung einiger dieser Hypothesen ist u.a. von dem laufen-
den Forschungsprojekt von HERLYN u.a. zu erwarten, wie die Vorstudie
"Ausmaß, Entstehung, Auswirkungen und Abbau lokaler Disparitäten hinsichtlich infrastruktureller Versorgungsniveaus und Bevölkerungszusammensetzung" zeigt (HERLYN u.a. 1974).

Der Kritik an der Ausstattung von Neubaugebieten und deren Analyse insbesondere durch den Disparitäten-Ansatz (vgl. ausführliche Darstellung
bei HERLYN & HERLYN 1976, S. 1o5 ff.) stehen widersprüchliche Forschungsergebnisse gegenüber. Die mangelnde infrastrukturelle Ausstattung von Neubausiedlungen läßt sich, insbes. in der ersten Phase der Errichtung belegen (vgl. HEIL 1971, LÜDTKE 1973, WEEBER 1971, ZAPF u.a. 1969). Auch die
Analyse von 16 Demonstrativbauvorhaben in der BRD durch DITTRICH u.a.
(1974, S. 73 ff, 152 ff) führt zu ähnlichen Ergebnissen. Dennoch ist
die Zufriedenheit der Bewohner mit der infrastrukturellen Ausstattung
größer, als sie sich nach diesen Annahmen und Befunden erwarten ließe.
Dieses Problem wird ausführlich von ZAPF u.a. (1969, S. 263) erörtert.
Und in der Tat stellt sich die Frage, die auch KORFMACHER (1972, S. 117)
aufwirft, was unter einer "ausreichenden" Ausstattung mit Gelegenheiten
zu verstehen sei. Dies ist jedoch nicht, wie KORFMACHER meint, ein Pro-

lem der Methode, sondern eines der Theorie. Die vorliegenden Ergebnisse
weisen zudem den Mangel auf, keine Kartierung einzelner Gelegenheiten
über das gesamte Stadtgebiet zu enthalten, so daß die Beziehung zwischen
dem sozialen Status der Bewohner eines städtischen Teilgebietes und dessen Ausstattung mit Gelegenheiten hinreichend geprüft ist.

Demnach ist auch die folgende Aussage empirisch unzureichend geprüft:
"Das Ergebnis der verstreuten Befunde zu den herrschenden Verteilungs-
mustern von 'kollektiv nutzbaren' öffentlichen Gemeinbedarfseinrichtungen
läßt sich dahingehend zusammenfassen, daß Zusammenhänge zwischen den in
Stadtgebieten vorherrschenden sozialen Gruppen und dem Versorgungsgrad
nicht geleugnet werden können. Diejenigen sozialen Gruppen, die über eine
zu geringe Kaufkraft verfügen, um ihre Reproduktion durch individuell
kaufbare Güter zu erreichen, werden durch Benachteiligung bei kollektiven
Versorgungsleistungen wiederum in den Reproduktionschancen eingeschränkt."
(HERLYN & HERLYN 1976, S. 1o9 f) Dieser These widerspricht zumindest der
Befund von HAACK & JACOBS (1977), daß das citynahe Gebiet Hamburg-St.
Georg in überdurchschnittlicher Weise mit infrastrukturellen Einrichtun-
gen ausgestattet ist (u.a. Schulen, Haus der Offenen Tür, Altenheime,
Läden), obgleich es sich um ein Gebiet niedrigen sozialen Status der Wohn-
bevölkerung und eines hohen Ausländeranteils handelt.

Der These von dem kumulativen Effekt sozialer Ungleichheit und horizontaler Disparität, d.h. im engeren Sinne einer unterdurchschnittlichen
Ausstattung von Wohngebieten mit Bewohnern niedrigen sozialen Status,
liegt nun die implizite Hypothese zugrunde:
> Je näher eine Gelegenheit zum Wohnstandort liegt, desto
> eher wird eine in dieser Gelegenheit mögliche Aktivität
> ausgeübt.

Demnach wird ein enger Zusammenhang zwischen der Art der Gelegenheit
und der Art der dort ausgeübten Aktivität einerseits sowie ein Zusammenhang zwischen der Erreichbarkeit einer Gelegenheit und der Ausübung einer
Aktivität unterstellt. Das entscheidende ist, daß hier, wie in zahlreichen
anderen Theorien aktionsräumlichen Verhaltens, ein entscheidender Einfluß
auf die Ausübung einer Aktivität von der Erreichbarkeit, d.h. der ökologischen Distanz zu einer Gelegenheit und der Ausübung einer Aktivität vermutet wird. Diese "Gelegenheit macht Diebe"-Annahme hat sich allerdings
auch in empirischen Untersuchungen bewährt, u.a. der von HEIDEMANN & STAPF

(1969, S. 56). Die zentrale Hypothese lautet daher:

Je geringer die ökologische Distanz zu einer Gelegenheit, desto eher und desto häufiger wird eine in dieser Gelegenheit ausübbare Aktivität ausgeübt.

Diese Annahmen führen auf das grundsätzliche Problem, in welchem Maße die Ausstattung der Wohnumgebung mit Gelegenheiten die Art und den Umfang der Aktivitäten von Stadtbewohnern beeinflußt. Vergrößert ein großes und vielfältiges Angebot an Gelegenheiten in der Wohnumgebung die Vielfalt der Aktivitäten von Personen? Geht man nämlich davon aus, daß die Ausstattung des Wohnumfeldes mit Gelegenheiten überhaupt einen Einfluß auf die Aktivitäten der Personen hat, so lassen sich bei einer schlechten Ausstattung, d.h. großen Distanzen zu zahlreichen Gelegenheiten, drei Folgen annehmen (FRIEDRICHS 1977, S. 314):

"Eine Verringerung der Aktivitäten oder der Verzicht auf die Ausübung einzelner Aktivitäten (Restriktionshypothese).

Maßnahmen zur Verringerung des Zeit/Kosten-Aufwandes, um die Aktivitäten auszuführen (Kompensationshypothese).

Eine Verlagerung von Aktivitäten: Es werden solche Aktivitäten häufiger und länger ausgeführt, für die die erforderlichen Gelegenheiten relativ nahe liegen (Verlagerungshypothese)."

Diese Hypothesen setzen voraus, daß die Distanzen zu zahlreichen Gelegenheiten groß sind. Es bleibt demnach noch für eine empirische Prüfung der Hypothesen die Häufigkeit, die Dauer und der Ort der Aktivität zu spezifizieren.

Die Ausstattung eines Wohnquartiers - implizit - zur wichtigsten erklärenden Variable der Ausübung einer Aktivität zu machen, beruht jedoch auf
zwei weiteren Annahmen. Zum einen wird, wie bereits erwähnt, nicht die Ausstattung selbst, sondern die ökologische Distanz zu einzelnen Gelegenheiten
zur eigentlichen erklärenden Variablen gemacht. Zum anderen wird ein Zusammenhang zwischen der Art der Gelegenheit und der mit ihr verbundenen
möglichen Aktivität unterstellt, der keineswegs hinreichend spezifiziert
wird. Wenn die ökologische Distanz zu einzelnen Gelegenheiten eine zumindest bedeutsame Bedingung für die Ausübung einer Aktivität sein soll, so
ist eine Differenzierung dieser Annahme nach der Art der ausgeführten Aktivität erforderlich. Die Ergebnisse der vorliegenden Studien zeigen, daß
die einzelnen Aktivitäten in unterschiedlichem Maße distanzempfindlich sind
(vgl. BECKER & KEIM 1977, HANSEN 1959). Von dieser, durch die Untersuchungen von HANSEN (1959) empirisch bewährten Hypothese geht auch das in Abb. 4
wiedergegebene hypothetische Schema der räumlichen Nähe von Einrichtungen
zum Wohnstandort aus (PROFITOPOLIS 1972). Präzisere empirische Ergebnisse
hierzu finden sich auch in der Studie von CHAPIN & HIGHTOWER (1966, S. 42ff),
die einen Sensitivitätsindex für die Distanz zu einzelnen Gelegenheiten entwickelt und empirisch anwenden.

Wenn also genauer die ökologischen Distanzen die "gemeinte" erklärende Variable der Disparitäten-Theorie sind, so ist es erforderlich, nicht nur
die Ausstattung eines städtischen Teilgebietes mit dem Status der Bewohner des Gebietes in Beziehung zu setzen, sondern außerdem die Ausstattung
des Gebietes mit Einrichtungen des öffentlichen Personennahverkehrs und
der Haushalte mit Transportmitteln (Moped, Motorrad, Pkw) zu berücksichtigen. Demnach ist also, allgemeiner formuliert, sowohl die Ausstattung mit
öffentlichen Verkehrsmitteln (u.a. Zahl der Stationen, Art der Verkehrsmittel, Dichte der Zugfolge) als auch die Motorisierungsart und der Motorisierungsgrad der Haushalte zu berücksichtigen. Hinweise hierauf fehlen
allerdings in den Aussagen der genannten Autoren.

Abbildung 4: <u>Standortqualität einer Wohnung</u> (PROFITOPOLIS 1972)

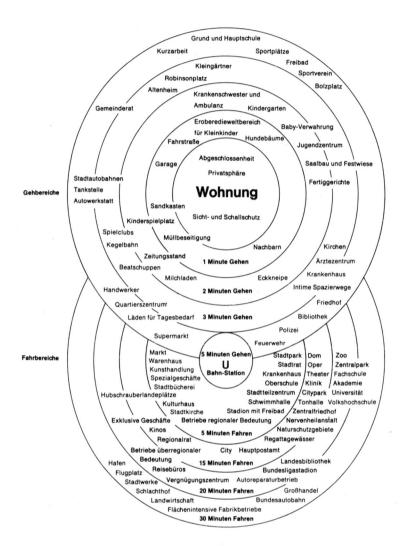

2.2.3 Individuelle Merkmale

Die letzte Ebene, auf der erklärende Merkmale für die Aktivitätsorte von Individuen gesucht werden, sind Haushalte bzw. Personen. Um die Ausübung von Aktivitäten bzw. einer einzelnen Aktivität zu erklären, bzw. eine der abhängigen Variablen des "Aktionsraumes", sind Merkmale der Stadt, des Quartiers und der Erreichbarkeit nicht ausreichend. Daher müssen zusätzliche Merkmale der Individuen herangezogen werden. Hiervon geht ja auch die Disparitäten-These aus: Sie verknüpft die Ausstattung eines städtischen Teilgebietes mit dem Einkommen der Quartiersbewohner, wenn sie einen kumulativen Effekt unterstellt.

Als erklärende Merkmale auf der Ebene "Individuum" werden in der einschlägigen Literatur zunächst solche Merkmale herangezogen, die man als "traditionell sozialwissenschaftliche" bezeichnen könnte: Einkommen, Schulbildung, Beruf (diese drei oft kombiniert zu einem Index des sozialen Status, "SES"), Alter, Stellung im Lebenszyklus, Geschlecht, Erwerbstätigkeit; daneben selbstverständlich die Lage des Wohnstandortes im Stadtgebiet gemessen über dessen Entfernung zur Stadtmitte, dem CBD.

Diese Merkmale benutzen die Studien von BECKER & KEIM (1977), CHAPIN (1974), CHAPIN & FOERSTER (1975), CHAPIN & HIGHTOWER (1965), DÜRR (1972), FOLEY (1950), HEIDEMANN & STAPF (1969), HORTON & REYNOLDS (1971), KLINGBEIL (1976), KUTTER (1972, 1973), MICHELSON (1977), sowie die Autoren der DOMA-Studie in Halifax: ELLIOTT & CLARK (1975), ELLIOTT, HARVEY & PROCOS (1973), HARVEY (1976).

Ein sehr gutes Beispiel für dieses Vorgehen liefert das in Abb. 3 wiedergegebene Modell von CHAPIN (1974). Von diesem Modell verwendet CHAPIN jedoch nur die Merkmale "Motivationen", "Rollen...", "Verfügbarkeit", "Aktivitätsmuster", "Bereitschaft" in seiner empirischen Untersuchung.

In diesen Studien werden durchgängig einzelne der oben genannten Merkmale des Aktionsraumes als abhängige Merkmale verwendet. Dabei geht es u.a. darum, hinsichtlich ihrer Aktionsräume "Verhaltenshomogene Gruppen" zu bestimmen. Dieses Ziel hat nicht nur die Arbeit von CHAPIN, es kennzeichnet auch die Arbeiten von DÜRR (1972), FREIST (1977) und KUTTER (1972, 1973). Die in Abb. 5 wiedergegebene Klassifikation derartiger verhaltenshomogener Gruppen von KUTTER dürfte in der deutschen Literatur die bislang am meisten fortgeschrittene Arbeit darstellen. Seine Ergebnisse sind auch ausdrücklich dazu gedacht, für Verkehrsstudien und die Verkehrsplanung verwendet zu werden.

Ein anderer, der Geographie entstammende Ansatz, ist der des schwedischen Geographen HÄGERSTRAND (197o). HÄGERSTRAND nimmt an, daß die Aktivitäten weniger durch die Anreize nahegelegener Gelegenheiten beeinflußt werden als durch die Beschränkungen (constraints), denen Personen unterliegen. Er unterscheidet dabei drei Arten von Beschränkungen: 1. Physiologische Fähigkeiten und Zugang zu Mitteln in der Ausübung einer Aktivität, 2. äußere Reglementierungen des Zeitplanes, u.a. durch den Arbeitsprozeß, 3. Normen und Autoritätshierarchien in der Gesellschaft, sowie Sitten und Gebräuche. Wir wollen hier nicht diskutieren, ob die von HÄGERSTRAND bezeichneten Dimensionen fruchtbar sind, weil sich dies erst durch eine präzisere Formulierung entscheiden ließe. Wichtig ist hier, daß HÄGERSTRAND meint, eine auf die Stadtplanung bezogene Forschung solle sich auf diese Beschränkungen richten. Seine Überlegungen werden gestützt durch erste Forschungsergebnisse der noch unpublizierten DOMA-Studie in Halifax, Kanada, des Teams ELLIOTT, HARVEY & PROCOS. Aufgrund ihrer Ergebnisse vermuten die Autoren, daß hauptsächlich durch eine Verringerung der notwendigen und nicht zeit-elastischen Aktivitäten (z.B. Tätigkeiten im Haushalt) die entstehenden Zeitgewinne für außerhäusliche Aktivitäten verwendet werden.

In eine ähnliche Richtung gehen Überlegungen von CULLEN (1972), der ein Phasenmodell der Aktivitäten entwickelt, das von terminlich fixierten Aktivitäten ausgeht und zwischen derartigen Aktivitäten Phasen der Entspannung und Anlagerung unwichtiger Aktivitäten einbaut. So beeinflußt z.B. auch der Ort, an dem eine Schlüsselaktivität ausgeübt wird, eventuell die daran anschließenden Aktivitäten, wegen des niedrigen Transportaufwandes. Hier besteht eine enge Beziehung zu den Forschungen über die "multiple purpose trips", die Mehr-Stationen-Ausgänge. Auch nach den Ergebnissen von HEIDEMANN & STAPF ist es so, daß Personen, deren Wohnstandort eine hohe ökologische Distanz zum CBD aufweist, häufiger Mehrzweck-Fahrten zum CBD unternehmen; ähnlich KLINGBEIL (1976). Die Annahme, es gäbe derartige Beschränkungen, hat auch zu einer Unterscheidung der Freizeitaktivitäten in "obligatorische" und "freiwillige" (non-discretionary und discretionary) Aktivitäten geführt (CHAPIN & HIGHTOWER 1966, HAMMER & CHAPIN 1972, S. 14 ff).

Abbildung 5: <u>Klassifikation der Erwerbspersonen,</u>
<u>Schüler und Studenten in verhaltenshomogene Gruppen</u>
(KUTTER 1973 b, S. 112)

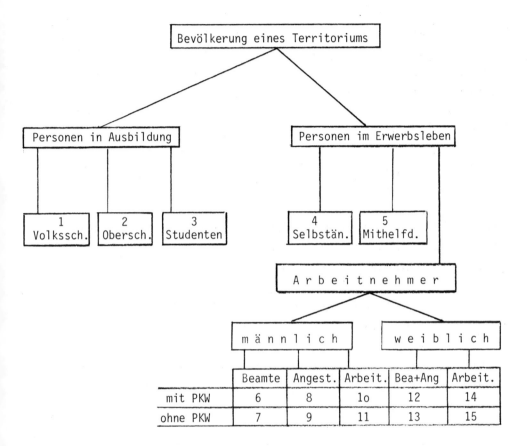

	Beamte	Angest.	Arbeit.	Bea+Ang	Arbeit.
mit PKW	6	8	1o	12	14
ohne PKW	7	9	11	13	15

Diese Unterscheidung hat zweifellos einen heuristischen Wert, ist jedoch, wie HAMMER & CHAPIN (1972, S. 15 f) betonen, an die Wahlfreiheit des einzelnen einerseits und an die Definition von Beschränkung gebunden. Danach sind jene Aktivitäten "obligatorisch", die durch äußere Umstände (Arbeitszeit, Ladenschlußzeiten, physiologische Notwendigkeiten wie z.B. Schlaf) gebunden sind. Allerdings entsteht das Problem, ob eine Person, die länger als 8 Stunden schläft (z.B. Nachmittagsschlaf), eine - zusätzliche - freiwillige Aktivität "Schlaf von 4 Stunden" ausübt. Die Aktionsräume haben sich durchgängig als abhängig von den Merkmalen: sozialer Status, Alter, Kinderzahl, Familienstand (letzterer auch kombiniert zu einem Index "Stellung im Lebenszyklus") und Erwerbstätigkeit erwiesen. Da ein großer Teil der vorliegenden Forschungsergebnisse bereits an anderer Stelle dargestellt wurde (FRIEDRICHS 1977, Kap. 8) wird hier auf eine ausführlichere Darstellung verzichtet.

Nach den für die Bundesrepublik Deutschland vorliegenden Studien von BECKER & KEIM (1977), DÜRR (1972), HEIDEMANN & STAPF (1969), HEMPEL (1977), KLINGBEIL (1976), KUTTER (1972, 1973) erscheinen folgende Ergebnisse bedeutsam:
- eine deutliche Distanzempfindlichkeit der einzelnen Aktivitäten, wobei die geringste Distanzempfindlichkeit gegenüber der Arbeitsstätte, die größte gegenüber dem Einkaufen besteht;
- eine größere außerhäuslicher Aktivitäten der Bewohner von Suburbs;
- eine Ausdehnung des Aktionsraums entlang der Achse Wohnstandort - zentraler Geschäftsbezirk (CBD);
- die Wahl von nah der Wohnung gelegenen Freizeitorten am Werktag;
- die Anlagerung von Aktivitäten an den Ort der Arbeitsstätte;
- eine geringfügig höhere Zahl von Aktivitäten von Bewohnern einer citynahen Neubausiedlung gegenüber den Bewohnern peripherer Neubausiedlungen;
- eine gleich hohe Bedeutung der Subzentren wie des zentralen Geschäftsbezirks.

Diese Aufzählung ist jedoch nicht nur unvollständig, sondern auch vereinfacht. Es gibt mehrere widersprechende Befunde. So können BECKER & KEIM (1974) in ihrer Untersuchung der Bewohner der Gropiusstadt in Berlin zeigen, daß die Entfernung eines städtischen Teilgebietes zur Stadtmitte nicht für alle Gelegenheiten geringerer Ausstattung gegenüber anderen städtischen Teilgebieten bedeutet. Den gleichen Befund berichten auch

HEIDEMANN & STAPF (1969).Des weiteren gilt die bei FRIEDRICHS (1977, S. 321) formulierte Annahme, mit der Entfernung einer Gelegenheit sinke deren Benutzungsintensität nicht für alle Aktivitäten, wie BECKER & KEIM zeigen konnten.

Insgesamt ist nach dem gegenwärtigen Stand der Forschung nicht nur die Uneinheitlichkeit der Ergebnisse festzustellen, sondern auch die durch die bislang verwendeten erklärenden Variablen relativ geringe Erklärung der Varianz einzelner (abhängiger) Merkmale des Aktionsraumes. Dies stellt bereits CHAPIN (1974) fest. Dafür lassen sich zwei Erklärungen geben: zum einen eine unzureichende Spezifikation des Kausalmodells, d.h. die Unterscheidung von direkten und indirekten Effekten in einem entsprechend angeordneten Modell der Variablen sowie eine dementsprechende multivariate (Pfad-)Analyse. Zum anderen sind die bislang verwendeten erklärenden Variablen vermutlich unzureichend. Eine Verbesserung der Modelle ist u.a. davon zu erwarten, daß dem Vorschlag von CHAPIN & HIGHTOWER (1966) gefolgt wird, auch die "soziale Erreichbarkeit" von Gelegenheiten einzubeziehen, d.h. den sozialen Status der Benutzer einer Gelgenheit oder der Bewohner des Teilgebietes, in dem die Gelegenheit liegt, zu berücksichtigen. Außerdem verweisen die Mängel der gegenwärtigen Theorien darauf, daß die Überlegungen im Sinne der "constraints" von HÄGERSTRAND nicht hinreichend fortgeführt wurden, z.B. dahingehend, auch die Belastungen des einzelnen am Arbeitsplatz zu untersuchen. Diese könnten einen Einfluß auf die Art und das Ausmaß außerhäuslicher Aktivitäten haben.

Zur Struktur des Aktionsraumes. Worüber wir gegenwärtig sehr wenig wissen, ist die Struktur des Aktionsraumes und sein Zustandekommen. Einen Hinweis hierauf liefern die Ergebnisse von MICHELSON (1977), CHAPIN (1974) und CHAPIN & HIGHTOWER (1965), die beispielhaft in Abb. 7 wiedergegeben sind.

Generell erscheint es fruchtbar, die Struktur von Aktionsräumen anhand der beiden Pole Wohn- und Arbeitsstätte zu entwickeln. Allerdings ergeben sich auch hierbei unterschiedliche mögliche Formen, die jeweils eine Reihe unterschiedlicher Hypothesen implizieren. Von erkenntnisleitendem Wert können dabei die in Abb. 6 dargestellten möglichen Formen von Aktionsräumen sein.

Von den implizit in diese Modelle eingegangenen Annahmen erscheint die einer Achse Wohn- und Arbeitsstandort am ehesten empirisch bewährt. Demgegenüber ist es ein wenig erforschtes Problem, welche Bedeutung die Subzentren bzw. Stadtteilzentren für die Struktur des Aktionsraumes haben. Ebenso bleibt zu untersuchen, welchen Einfluß die Anlagerungen von Aktivitäten an die Aktivität "Arbeiten", d.h. die zeit-räumliche Nähe von Gelegenheiten zum Arbeitsstandort, für die Zahl der Aktivitäten am Wohnstandort haben. Wie die Ergebnisse der Studie von BECKER & KEIM (1977) zeigen, gibt es zahlreiche an den Arbeitsplatz gekoppelte Aktivitäten. Es ist jedoch gegenwärtig nicht möglich, hier allgemeinere Schlüsse zu ziehen, weil eine vergleichende Untersuchung zahlreicher Wohnstandorte und entsprechender Arbeitsstandorte fehlt. Die vorgelegten Studien leiden darunter, daß entweder eine zu kleine Stichprobe von Stadtbewohnern oder aber - aus berechtigten Gründen - nur wenige Wohnstandorte bzw. Quartiere in einer Studie untersucht wurden. Daher ist es bisher nur unzureichend möglich, Effekte der Lage des Wohnstandortes, der Merkmale der Bewohner (u.a. Einkommen), der Ausstattung des Wohnquartiers und der Erreichbarkeit von Einrichtungen (einschließlich der nicht-benutzten) zu bestimmen.

Abbildung 6: Modelle von Aktionsräumen (FRIEDRICHS 1977, S. 328)

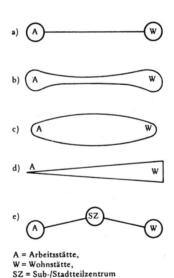

A = Arbeitsstätte,
W = Wohnstätte,
SZ = Sub-/Stadtteilzentrum

Abbildung 7: Aktionsraum: Fahrten Wohnung - Arbeitsstätte, Toronto
(MICHELSON 1977, S. 2o2)

a) männliche Bewohner citynaher Gebiete

b) männliche Bewohner suburbaner Gebiete

■ Wohnung

╱ Entfernung größer als eine Meile

3.   KONZEPTUALISIERUNG UND FORSCHUNGSPLAN

Die Konzeptualisierung der Studie erfolgte, wie bereits im Vorwort erwähnt,
bevor die ausführlichere theoretische Darstellung vorlag. Daher konnte auch
nur ein Teil der im vorangegangenen Kapitel behandelten Literatur in die
Konzeptualisierung der Studie eingehen.

Noch vor der endgültigen Auswahl der Siedlungen ist festgelegt worden, daß es
für eine angemessene Prüfung aktionsräumlicher Hypothesen erforderlich sei,
mehrere Siedlungen zu untersuchen. Aus zeitlichen und finanziellen Gründen
war es nur möglich, wenige Siedlungen zu untersuchen. Weil sich die meisten
Annahmen in der Literatur auf die Ausstattung von Neubausiedlungen und hiermit verbundene Disparitäten beziehen, richtet sich die Studie nur auf Neubausiedlungen unterschiedlicher Lage im Gebiet der Freien und Hansestadt
Hamburg.

3.1 Hypothesen

Die zu erklärenden Merkmale sind jene, die im Abschnitt 2.2.1 als Merk-
amle von Aktionsräumen dargestellt wurden. Wir beschränken uns im folgenden
darauf, Hypothesen nur für einige der aufgeführten Merkmale zu formulieren,
nämlich:

> Anteil der außerhäuslichen Aktivitäten
> Anteil der lokalen und überlokalen Aktivitäten
> Dauer der Aktivitäten
> Orte der Aktivitäten
> Heterogenität der Aktivitäten.

Um die Variation dieser Merkmale zu erklären, sind in der Literatur zur
aktionsräumlichen Forschung zahlreiche Merkmale verwendet worden. Diese
unabhängigen Merkmale lassen sich in zwei Gruppen einteilen: es sind zum
einen Merkmale des Wohnstandortes und seiner nahen Umgebung ("Siedlung",
"Quartier"), z.B. Ausstattung mit Gelegenheiten, ÖPNV-Stationen; zum anderen sind es Merkmale der Personen (und Haushalte), z.B. Alter, Geschlecht,
sozialer Status. Diese Unterscheidung eignet sich auch sehr gut, um auf die
für den Stadtplaner bedeutsame Ausgangsfrage der aktionsräumlichen Forschung
zurückzuführen: Haben die Merkmale der Wohnumgebung einen Einfluß auf das

aktionsräumliche Verhalten der Individuen, und wenn dem so ist, ist ihr
Einfluß größer als der der individuellen Merkmale?

Bevor die Hypothesen im einzelnen begründet werden, sei auf drei Unklarhei-
ten in einigen der vorliegenden Studien hingewiesen. In mehreren Studien
wird das Verhalten von Bewohnern in Neubausiedlungen dem der Bewohner von
Altbauquartieren gegenüber gestellt; so untersucht HEIL (1971) ein citynahes
Altbauquartier und ein peripheres Neubaugebiet. Ein solches Vorgehen hat
nun mehrere Mängel.

Erstens ist der Gegensatz "Neubau-Altbau" nicht sinnvoll, eine unnötige
Dichotomisierung, da sich Siedlungen und Gebäude über ein Alterskontinuum
verteilen. Auch eine ehemalige Neubausiedlung wie die in den 2oer Jahren
in Hamburg errichtete Jarrestadt ist heute keine Neubausiedlung mehr.
Wir müssen daher den Ausdruck "Alter" präzisieren:
          Alter einer Siedlung = df. mittleres Erstbezugsjahr.

Zweitens ist es methodologisch falsch, periphere Neubaugebiete zentralen
Altbaugebieten gegenüberzustellen: Es handelt sich um zwei Merkmale, nämlich
"Alter" und "Lage", die unabhängig voneinander variieren können, - selbst
wenn faktisch für die meisten Städte eine positive Korrelation nachzuweisen
ist. Andere Autoren haben daher auch intermediäre Gebiete berücksichtigt
(HEIDEMANN & STAPF 1969), zudem lassen sich auch zentrale Neubaugebiete
nachweisen. Die Merkmale müssen deshalb analytisch getrennt, dementsprechend
auch in den Hypothesen die vermuteten Effekte jedes Merkmals spezifiziert
werden. Geschieht dies nicht, wie z.B. im Falle der Studie von HEIL, so kann
nicht entschieden werden, ob die Variation u.a. der nachbarlichen Kommunikation von der Lage, von dem Alter oder beiden beeinflußt wird. Um den Begriff "Lage" zu präzisieren, verwenden wir in Übereinstimmung mit den meisten
Autoren folgende Definition:
          Lage einer Siedlung oder eines Wohnstandortes
          = df. Entfernung der Siedlung oder des Wohn-
              standortes von der Stadtmitte.

Es sei dahingestellt, ob die Entfernung als Luftlinie oder als ökologische
Distanz (Zeit Kosten-Aufwand) gemessen wird.

Drittens ist der Ausdruck "Siedlung", zumindest für die Zwecke aktionsräumlicher Forschung, nicht präzise genug. Gemeint ist offenbar eine Menge
räumlich angrenzender, zur gleichen Zeit errichteter (oder bezogener) Gebäude. Derartig Siedlungen abzugrenzen, fällt relativ leicht, wo es sich um
jüngere isolierte Neubausiedlungen handelt. Hingegen bereitet die Abgrenzung
älterer Gebäude zu einer Siedlung Schwierigkeiten, - weshalb wohl auch einige Autoren von Altbau"quartieren" sprechen. Durch Kriegszerstörung oder Ab-
riß bestehen vielfach bereits innerhalb eines Blocks beträchtliche Variationen im Errichtungsalter der Gebäude.
Geht man nun von den Hypothesen der aktionsräumlichen Forschung aus, so
richten sich diese auf den Wohnstandort als "Aktionsbasis" der Individuen
einerseits und auf die Ausstattung der Umgebung des Wohngebäudes andererseits. Deshalb erscheint es sinnvoll, von dem Wohnstandort auszugehen, wobei

> Wohnstandort = df. Gebäude, in dem sich die Wohnung einer
> Person befindet.

Zusätzlich ist dann ein räumlicher Bereich der Umgebung eines Wohnstandortes
abzugrenzen, z.B. 5oo m, der sich als "Siedlung" oder "Quartier" bezeichnen
läßt.

Entsprechend diesen Überlegungen verwenden wir folgende Gruppierung von
Räumen für Aktivitäten:

> Haus: häusliche Aktivitäten
> Quartier, Siedlung: lokale Aktivitäten
> Außerhalb Quartier, Siedlung: überlokale Aktivitäten

3.1.1 Merkmale des Wohnstandortes

Zahlreiche Autoren gehen von den beiden grundlegenden Annahmen aus, die Aktivitäten und die Aktionsräume von Personen seien vor allem von der Lage
des Wohnstandortes und von der Ausstattung seiner Nahumgebung abhängig
(vgl. CHAPIN 1974, DÖRR 1972, CHAPIN & HIGHTOWER 1965, HEIDEMANN & STAPF
1969, HORTON & REYNOLDS 1971, KLINGBEIL 1976, KUTTER 1972,1973, MICHELSON
1977).

Lage. Nun ist es zweifellos nicht die Lage selbst, die das aktionsräumliche
Verhalten beeinflußt, sondern es sind andere, mit der Lage korrelierende
Merkmale; die Lage ist nur ein einfaches zu erhebendes Merkmal, das anstelle
jener anderen verwendet wird. Wir müssen also die weitgehend impliziten Hy-

pothesen, die der Lage-Annahme zugrunde liegen, ausführen.

Unterschiede in der Lage einer Siedlung sind mit Unterschieden in der Erreichbarkeit außerhalb der Siedlung befindlicher Gelegenheiten eng verbunden. Es wird vermutet, die Stadtmitte, genauer: der CBD (central business district = zentraler Geschäftsbezirk) sei das städtische Teilgebiet mit der besten Ausstattung an Gelegenheiten; der CBD sei der Ort höchster Erreichbarkeit, daher habe die Entfernung einer Siedlung vom CBD einen Einfluß auf die Aktivitäten.

H_1 : Je entfernter ein Wohnstandort vom CBD, desto geringer ist die Heterogenität der Aktivitäten einer Person.

H_2 : Je entfernter der Wohnstandort einer Person vom CBD, desto geringer ist der Anteil überlokaler Aktivitäten.

H_3 : Je entfernter der Wohnstandort einer Person vom CBD, desto geringer ist der Anteil der außerhäuslichen Aktivitäten am Gesamtzeitbudget.

Nun dürfte H_1 am ehesten dann sinnvoll sein, wenn es sich um eine monozentrische Stadt(region) handelt, d.h. in der nur ein Zentrum besteht. Dies trifft jedoch für viele Großstädte nicht zu, da sich mit der Expansion der Großstädte auch eine Tendenz zur dezentralisierten Zentralisierung (BURGESS 1925) nachweisen läßt: Außer dem CBD als Oberzentrum bestehen Stadtteilzentren, meist die Kerne inzwischen eingemeindeter Orte. Eine derartige polyzentrische Stadtstruktur weist auch Hamburg auf; diese Zentrenhierarchie zu fördern, ist Bestandteil der Stadtplanung Hamburgs seit 1968.
Wir gelangen daher zu folgenden Hypothesen:

H_1 : Je entfernter ein Wohnstandort von einem Zentrum, desto geringer ist die Heterogenität der Aktivitäten einer Person.

H_2 : Je entfernter ein Wohnstandort von einem Zentrum, desto geringer ist der Anteil der überlokalen Aktivitäten.

H_3 : Je entfernter ein Wohnstandort von einem Zentrum, desto geringer ist der Anteil der außerhäuslichen Aktivitäten am Gesamtzeitbudget.

Bei diesen Hypothesen unterstellen wir, daß die Annahme gilt, Personen würden bei großen Entfernungen zu Zentren ihre überlokalen Aktivitäten einschränken, sie also nicht durch besondere Anstrengungen - einschl. dem Kauf eines Pkw - zu kompensieren versuchen; vgl. die drei Hypothesen auf S. 32 .
Wir prüfen auch nicht die Hypothesen, daß der CBD das Teilgebiet höchster Erreichbarkeit und höchster Heterogenität von Gelegenheiten sei, obgleich

dies in einigen Stadtregionen nicht mehr zu gelten braucht.

Ausstattung. Die Ausstattung einer Siedlung mit Gelegenheiten ist ein weiteres zentrales Merkmal, weil ein enger Zusammenhang zwischen der Ausstattung der Nahumgebung und der Ausübung von Aktivitäten vermutet wird: Je besser eine Gelegenheit erreichbar ist, desto eher wird sie auch benutzt bzw. eine Aktivität ausgeübt.

Weiter ist ein Zusammenhang zwischen der Ausstattung einer Siedlung und deren Lage zu vermuten: Nicht nur periphere Neubausiedlungen, wie einige Autoren belegen, sind schlechter ausgestattet als citynahe Siedlungen, sondern periphere Siedlungen insgesamt, da hier die Besiedlungsdichte geringer ist.

H_4 : Je entfernter eine Siedlung von der Stadtmitte, desto
          weniger heterogen ist ihre Ausstattung.

Die Ausstattung einer Siedlung, zumindest der nach dem 2. Weltkrieg errichteten, ist zudem von der Größe (Einwohnerzahl) der Siedlung abhängig. Da sich die Planung an städtebaulichen Orientierungswerten ausrichtet, steigt mit der Einwohnerzahl, für die eine Neubausiedlung ausgelegt ist, nicht nur die Zahl der Gelegenheiten, sondern auch deren Vielfalt. Wir vermuten daher:

H_5 : Je größer die geplante Einwohnerzahl einer Siedlung ist,
          desto heterogener ist die Ausstattung der Siedlung mit
          Gelegenheiten.

Wir können weiter davon ausgehen, daß sich die Ansprüche an die Ausstattung von Siedlungen in den letzten 3o Jahren erhöht haben, so daß die jüngeren Neubausiedlungen besser ausgestattet sind als jene, die vor 15 - 3o Jahren errichtet wurden. (Bei den erst vor 1 - 2 Jahren errichteten Siedlungen ist indessen zu berücksichtigen, daß sie durchgängig noch Defizite in der infrastrukturellen Ausstattung aufweisen.)

H_6 : Je jünger eine Siedlung, desto heterogener ist deren
          Ausstattung mit Gelegenheiten.

Wie die Darstellung im Abschnitt 2.2 zeigt, stimmen die aktionsräumliche Forschung und die Disparitäten-Theoretiker in der Annahme überein, die Ausstattung der Nahumgebung des Wohnstandortes beeinflusse die Aktivitäten von Personen. Genauer:

H_7 : Je besser eine Gelegenheit erreichbar ist, desto eher wird eine in ihr mögliche Aktivität ausgeübt; vereinfacht: desto eher wird eine Person diese Gelegenheit aufsuchen.

Diese generelle Hypothese kann in unserer Studie nicht geprüft werden. (Ein entsprechendes Projekt wird jedoch seit Ende 1978 von uns bearbeitet; das Beispiel ist die Benutzung öffentlicher Bücherhallen in Hamburg. Im Rahmen dieses Projektes soll auch der Zusammenhang von Aktivitäten und Gelegenheiten theoretisch präzisiert werden.) Ebensowenig kann hier die für H_7 bedeutsame Distanzempfindlichkeit einzelner Aktivitäten untersucht werden. Wir setzen demnach voraus, H_7 habe sich bewährt.

H_8 : Je schlechter die Ausstattung der Nahumgebung des Wohnstandortes einer Person, desto geringer die Heterogenität der Aktivitäten einer Person.

H_9 : Je schlechter die Ausstattung der Nahumgebung des Wohnstandortes einer Person, desto größer der Anteil überlokaler Aktivitäten.

H_{10} : Je schlechter die Ausstattung der Nahumgebung des Wohnstandortes einer Person, desto geringer ist der Anteil außerhäuslicher Aktivitäten am Gesamtzeitbudget der Person.

Die Hypothesen H_7 und H_8 unterstellen, daß Personen auf einen Mangel an gut erreichbaren Gelegenheiten derart reagieren, daß sie Aktivitäten nicht ausüben. Des weiteren sind H_2 und H_4 mit H_9 unverträglich: Entweder gilt H_2 oder H_9, oder aber beide treffen zu, - dann üben Individuen keine Aktivitäten aus.

3.1.2 Merkmale der Individuen

Wie die vorliegenden Forschungsergebnisse belegen, variieren die Aktionsräume von Individuen nicht nur nach Merkmalen der Siedlungsausstattung,
sondern auch nach Merkmalen der Individuen. Als erklärende Merkmale wurden durchgängig Alter, Geschlecht, Kinderzahl, sozialer Status/Schichtzu-
gehörigkeit und Erwerbstätigkeit verwendet. Diese Merkmale dienen auch zur
Klassifikation von Personen ähnlichen aktionsräumlichen Verhaltens in den
Arbeiten über "sozialgeographische Gruppen" (DÜRR 1972, FREIST 1977, KLING-
BEIL 1976, KUTTER 1972, 1973). Eine nähere Begründung für die Wahl der Merkmale erfolgt zumeist nicht; es sind traditionell in der Soziologie verwendete erklärende Individualmerkmale.

Sozialer Status. Von mehreren Autoren wird ein Einfluß des sozialen Status,
SES (socio economic status), einer Person auf deren (Freizeit-) Aktivitäten
vermutet und z.T. empirisch belegt (FOLEY 1950, LINDSAY & OGLE 1972,
LÜDTKE 1974, PFEIL 1975, WHITE 1975, WIPPLER 1973). Dem folgend vermuten
wir:

H_{11} : Je höher der SES einer Person, desto höher ist der
Anteil der außerhäuslichen Aktivitäten am Gesamtzeitbudget der Person.

H_{12} : Je höher der SES einer Person, desto höher ist der
Anteil der überlokalen Aktivitäten an allen außerhäuslichen Aktivitäten der Person.

H_{13} : Je höher der SES einer Person, desto heterogener sind
die Aktivitäten, die eine Person überlokal ausübt.

H_{14} : Je höher der SES einer Person, desto heterogener
sind die Aktivitäten der Person.

In der Formulierung dieser Hypothesen folgen wir den vorliegenden Forschungs-
ergebnissen, obgleich auch den Hypothesen widersprechende Ergebnisse berichtet werden. So stellt WIPPLER (1973, S. 101 ff) fest, daß sich einzelne
Freizeitaktivitäten nicht nach dem SES einer Person unterscheiden.
Die vorhandenen Unterschiede in den Ergebnissen sind vermutlich auch auf
das erklärende Merkmal selbst zurückzuführen: Der SES wird durchgängig mit
Hilfe mehrerer Indikatoren gemessen, zumeist Berufsrang, Schulbildung und
Einkommen. Es ist jedoch erwiesen, daß die einzelnen Indikatoren in unterschiedlicher Weise Effekte auf die Art der Aktivitäten von Personen haben
(vgl. LINDSAY & OGLE 1974, WHITE 1975). Deshalb sind sowohl der Index
"SES" als auch die soziale Schicht - die gruppierten SES-Punktwerte - Merkmale, die die Variation des aktionsräumlichen Verhaltens insofern unzureichend

erklären können, als hier eine Merkmals- (Indikatoren-) Kombination verwendet wird. Es ist demnach unzureichend geprüft, ob der Index "SES" oder seine Indikatoren direkt auf die Art, Häufigkeit und Orte der Aktivitäten wirken oder ob sie indirekt über andere Merkmale wirken, z.B. nicht über den Berufs-rang einer Person, sondern die Art der Tätigkeit am Arbeitsplatz.

Alter. Als weiteres Merkmal wird in der Literatur das Alter einer Person eingeführt. Obgleich sich hier eher eine kurvilineare Beziehung zwischen "Alter" und dem aktionsräumlichen Verhalten vermuten läßt, seien die einschlägigen Hypothesen linear formuliert:

H_{15} : Je jünger eine Person, desto höher ist der Anteil der außerhäuslichen Aktivitäten am Gesamtzeitbudget.

H_{16} : Je jünger eine Person, desto höher ist der Anteil der überlokalen Aktivitäten an den außerhäuslichen Aktivitäten.

H_{17} : Je jünger eine Person, desto heterogener sind die Aktivitäten, die eine Person überlokal ausübt.

H_{18} : Je jünger eine Person, desto heterogener sind ihre Aktivitäten.

Diese Hypothesen basieren auf der grundlegenden Annahme, daß jüngere Personen mobiler - zumindest mobilitätsbereiter - sind als ältere. Eine ähnliche Annahme gilt auch für den Familienstand: Verheiratete Personen sind aufgrund der Verpflichtungen gegenüber dem Partner gebunden, d.h. hier: immobiler. Ob diese Annahme gerechtfertigt ist, bedarf der empirischen Prüfung.

Die Erarbeitung dieser Annahme führte dazu, das Merkmal "Familienstand" zu erheben. Eine eingehende Erörterung dieses üblicherweise erhobenen Merkmals führte dazu, die gängige Kodierung "ledig-verheiratet-geschieden-verwitwet" als unzureichend für die Zwecke der aktionsräumlichen Forschung zu erkennen. Denn es soll nicht der von Soziologen oft unreflektiert erhobene Familienstand einer Person als erklärendes Merkmal verwendet werden, sondern das Ausmaß oder die Tatsache einer Bindung an einen Partner, weil wir vermuten, die Bindung an einen Partner - und nicht der Familienstand - beeinflusse das aktionsräumliche Verhalten einer Person. Deshalb war es wichtig, auch die Kategorie "Zusammenleben" bei Ledigen, Verwitweten und Geschiedenen zu erheben. Das Merkmal "Familienstand" hat demnach - im Rahmen unserer Forschung - zwei Dimensionen: das Ausmaß der Bindung und die Gemeinsamkeit/Nicht-Gemeinsamkeit des Zusammenlebens im Falle einer Bindung. Auf diese Weise wird aus

der nominal skalierten Variable "Familienstand" aus theoretischen Gründen
eine neue, ordinal skalierte Variable. (Vgl. hierzu auch die weiterführenden
Vorschläge im Zusammenhang des Merkmals "Stellung im Lebenszyklus" von
FRIEDRICHS & KAMP 1978).

Kinder. Wir vermuten des weiteren, daß in Familien mit Kindern die Eltern
(vor allem nach dem gegenwärtigen Verständnis der Aufgaben von Mann und Frau,
die Frau) stärker an das Haus gebunden sind (vgl. SCHMIDT-SCHERZER 1974):

H_{19} : Wenn eine Person Kinder hat, dann ist der Anteil der
lokalen Aktivitäten an den außerhäuslichen Aktivitäten
größer als bei Personen ohne Kinder.

H_{2o} : Wenn eine Person Kinder hat, die im Haushalt wohnen,
so ist der Anteil der häuslichen Aktivitäten größer
als bei Personen ohne Kinder und bei Personen ohne
Kinder im Haushalt.

Erwerbstätigkeit. Die Annahme, Aktionsräume seien bipolar, gebildet durch
Wohnstätte und Arbeitsstätte, hat einen außerhäuslichen Arbeitsplatz zur
Voraussetzung, zu dem die Person pendeln muß. Da dieser Sachverhalt für fast
alle Erwerbstätigen gegeben ist, kann - auch nach den vorliegenden For-
schungsergebnissen - vermutet werden:

H_{21} : Wenn eine Person erwerbstätig ist, dann ist der Anteil der überlokalen Aktivitäten an allen Außerhausaktivitäten größer als bei Nichterwerbstätigen.

H_{22} : Wenn eine Person erwerbstätig ist, dann sind ihre
außerhäuslichen Aktivitäten heterogener als die einer
nichterwerbstätigen Person.

Die zuletzt aufgeführte Hypothese ist nicht zwingend. In der jetzigen Formulierung wird implizit behauptet, daß die Erwerbstätigkeit nicht zu einer
Einschränkung der Aktivitäten aufgrund der knapperen Zeit führt, sondern
daß die höhere Zwangsmobilität zu Mehr-Stationen-Ausgängen und einer Anlagerung von Aktivitäten führt.

Geschlecht. Das Ausmaß der Erwerbstätigkeit ist geschlechtsspezifisch: ein
geringerer Teil der Frauen als der Männer ist erwerbstätig. Da wir mit H_{22}
eine Erweiterung des Aktionsraumes aufgrund der räumlichen Trennung von
Wohn- und Arbeitsstätte annehmen, ist auch bei Frauen ein weniger ausge-
dehnter Aktionsraum zu vermuten. Zudem nehmen wir an, daß unter den gegen-

wärtigen Bedingungen verheiratete Frauen mit Kindern die Aufgabe der Be-
treuung der Kinder stärker zugewiesen wird als Männern, so daß sie stärker
belastet und stärker lokal gebunden sind. Die Aktionsräume von verheirateten
Frauen mit Kleinkindern oder schulpflichtigen Kindern sind vermutlich kleiner
als die von ledigen Frauen, von verheirateten Frauen ohne Kinder, sowie von
ledigen und verheirateten Männern.

H_{23} : Der Anteil der außerhäuslichen Aktivitäten am Gesamtzeitbudget ist bei Frauen größer als bei Männern.

H_{24} : Der Anteil der lokalen Aktivitäten an den außerhäuslichen Aktivitäten ist bei Frauen größer als bei Männern.

Beide Hypothesen sind jedoch durch die Variablen "Erwerbstätigkeit" und
"PKW-Verfügung" zu differenzieren, da beide Variablen mit dem Geschlecht
variieren. Wir vermuten daher keine direkten Beziehungen zwischen Geschlecht
und Merkmalen des Aktionsraumes.

PKW-Verfügung. Die Erreichbarkeit von Gelegenheiten, ihre ökologische Distanz
zum Wohnstandort, wird durch die Art der Verkehrsmittel beeinflußt. Daher ist
nicht nur die verkehrliche Anbindung einer Siedlung (ÖPNV-Stationen, Fahr-
preise), sondern auch der Motorisierungsgrad der Haushalte zu berücksichtigen. Wir vermuten, daß sich die ökologischen Distanzen verringern, wenn ein
PKW verfügbar ist (vgl. FOLEY 1950). Wir gehen nicht von dem Besitz eines
PKW aus, sondern von der Verfügbarkeit, weil ein PKW, der in einem Mehrper-
sonenhaushalt vorhanden ist, von mehreren Personen mit Führerschein benutzt
werden kann, z.B. Vater, Mutter, Tochter, Sohn. (Auf die Motorisierung durch
Moped, Motorrad u.ä. verzichten wir bei unseren Überlegungen.) Hier wird
also kein Merkmal des Haushaltes (PKW-Besitz), sondern eines der Personen
(Verfügbarkeit) erhoben.

H_{25} : Wenn einer Person ein PKW zur Verfügung steht, dann
ist der Anteil der überlokalen Aktivitäten an allen
außerhäuslichen Aktivitäten größer als bei Personen,
denen kein PKW zur Verfügung steht.

Wohndauer. Schließlich ist zu vermuten, daß die Wohndauer einen Einfluß auf
die Struktur des Aktionsraumes einer Person hat. Je länger eine Person in
einem städtischen Teilgebiet - im engeren Sinne: im gleichen Gebäude -
wohnt, desto besser wird sie die Ausstattung der Nahumgebung des Wohnstandortes mit Gelegenheiten kennen. Im Gegensatz dazu wird eine Person, die erst

vor kurzer Zeit den Wohnstandort innerhalb der Stadt gewechselt hat, die
Gelegenheiten des neuen Wohnstandortes weniger gut kennen und deshalb noch
einzelne Aktivitäten am alten Wohnstandort ausüben. Sie wird daher auch
einen höheren Anteil überlokaler Aktivitäten aufweisen. Wir sind gegenwärtig
jedoch nicht in der Lage, "kurze" und "lange" Wohndauer empirisch fundiert
zu präzisieren; unsere Annahme lautet, daß o - 2 Jahre ein kurzer Zeitraum
sind, begründet durch die Ergebnisse über das Ausmaß nachbarlicher Kontakte
(SCHWONKE & HERLYN 1967, PFEIL 1972). Andererseits belegen die Ergebnisse
von DITTRICH (1975) und LÜDTKE (1974), daß der Einfluß der Wohndauer auf die
lokal ausgeübten Aktivitäten von einem Schwellenwert an stark abnimmt, -
ohne daß sich dieser Schwellenwert exakt bestimmen ließe. Wir verzichten
daher darauf, die Wohndauer zu dem Anteil der außerhäuslichen und dem Anteil
der überlokalen Aktivitäten in Beziehung zu setzen.

Wir haben soweit fast ausschließlich Beziehungen zwischen zwei Merkmalen,
bivariate Beziehungen, spezifiziert. Dies entspricht dem üblichen sozialwissenschaftlichen Vorgehen; dessen ungeachtet ist ein solches Vorgehen nach
den neueren Einsichten sozialwissenschaftlicher Methodologie, aber auch der
Plausibilität, ungerechtfertigt. Die Beziehungen zwischen den Merkmalen,
sollen sie reale Strukturen abbilden und einzelne Sachverhalte hinreichend
erklären, sind sehr wahrscheinlich viel komplizierter, weshalb auch kom-
plexere Modelle (Theorien) sinnvoll, entsprechend multivariate Analysen erforderlich sind.

Ein Versuch, dem gerecht zu werden, und dabei die oben angeführten Hypothesen der Studie in einem expliziten formalen multivariaten Modell darzustellen, stellt das Kausaldiagramm in Abb. 8 dar. Eine weiterführende Diskussion
findet sich in Abschn. 4.4, wo ein modifiziertes Kausalmodell getestet wird.

53

Abbildung 8: <u>Kausaldiagramm der formulierten Hypothesen</u>

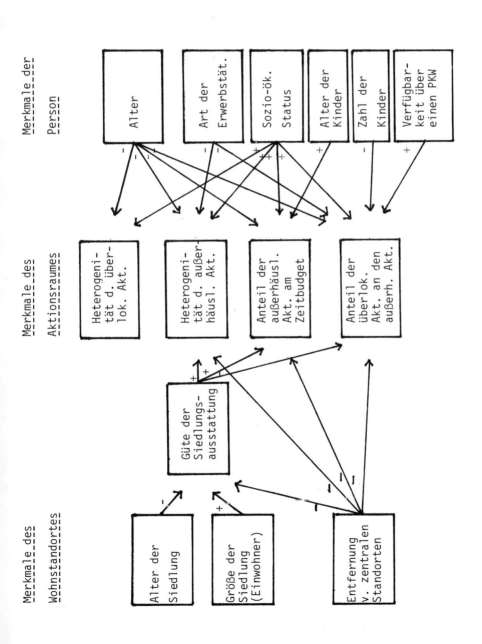

Demnach ergibt sich folgende Einteilung der Variablen der Studie nach
Dimensionen:

1.　　Unabhängige Variablen

　　1.1　Variablen der Ebene "Siedlung"
　　　　- Lage
　　　　- Alter
　　　　- Ausstattung　　　　　　　　Objektiver Stadt-
　　　　- Größe　　　　　　　　　　　plan lokal
　　　　- Sozialstruktur
　　　　- Bevölkerungsstruktur

　　1.2　Variablen der Ebene "Individuum"
　　　　- Schicht
　　　　- Erwerbstätigkeit
　　　　- Alter　　　　　　　　　　　Sozio-strukturelle
　　　　- Familienstand　　　　　　　Merkmale des Sied-
　　　　- Kinderzahl /-typ　　　　　lungsbewohners
　　　　- Geschlecht
　　　　- PKW-Besitz /-Verfügbarkeit

　　1.3　Wohndauer

2.　　Abhängige Variablen (Ebene "Individuum")
　　　　- Aktivitätsort
　　　　- Aktivitätsart
　　　　- Aktivitätsdauer　　　　　Aktionsraum
　　　　- Aktivitätshäufigkeit
　　　　- Aktivitätenvielfalt

3.2 Methoden

Die Entwicklung konkreter Meßanweisungen für die in den Hypothesen benann-
ten Variablen hat zum einen beträchtliche Auswirkungen auf die noch zu ge-
winnenden Daten, zum anderen auf die Bedeutung dieser Daten im Zusammenhang mit der angenommenen Theorie. Daher soll dieses Vorgehen in enger Verbindung mit den Hypothesen geschehen und möglichst weitgehend begründet werden. Dies erlaubt anderen Forschern, die Forschungsergebnisse besser zu verstehen und es ist auch eine wichtige Voraussetzung für kumulative Forschung.
Im folgenden Abschnitt werden wir deshalb einige zentrale Meßmethoden darstellen, die wir in unserer Studie verwandt haben.

3.2.1 Klassifikation der Aktivitäten

Weiter oben haben wir bereits dargestellt, daß der zu erklärende Sachverhalt
"Aktionsraum" mehrere Merkmale besitzt; eines davon ist die Art der Aktivität. Um dieses Merkmal meßbar zu machen, müssen die möglichen Tätigkeiten
einer Person in der Weise geordnet werden, daß sie voneinander unterscheid-
bar und damit einzeln quantifizierbar werden.
Methodologisch formuliert besteht die Vorgehensweise darin, den betrachteten
ein- oder mehrdimensionalen Merkmalsraum derart zu strukturieren, daß jedes
Objekt, welches untersucht wird, nur einer einzigen Kategorie der so entwickelten Klassifikation oder Typologie zugeordnet werden kann (vgl. z.B.
FRIEDRICHS 1973, S. 87 ff; MAYNTZ, HOLM & HÜBNER 1969, S. 157). Da es prin-
zipiell möglich ist, Merkmalsklassen beliebig voneinander abzugrenzen, wäre
das Ergebnis einer solchen arbiträren Strukturierung nicht sinnvoll inter-
pretierbar. Das Vorgehen sollte also möglichst genau durch eigene Überlegungen oder entsprechende Arbeiten anderer Forscher begründet werden.

Eine Abgrenzung des Merkmalsraumes, der strukturiert werden sollte, war für
uns dadurch gegeben, daß nur Aktivitäten außerhalb der Wohnung bzw. des Hauses untersucht werden sollten. Für unsere Zwecke war es weiterhin, wie gleich
noch etwas näher begründet werden soll, nicht sinnvoll, die Tätigkeiten auf
der Ebene einzelner Bewegungsabläufe zu klassifizieren, beispielsweise den
Einkauf von Lebensmitteln in Gehen, Stehen, Schauen etc. zu zerlegen.

Aus der speziellen Entstehungsgeschichte dieser Studie heraus (u.a. Lehrver-
anstaltung) ist es zu erklären, daß die entstandene Klassifikation arbiträr
ist. Allerdings trifft dies auch für viele ähnliche in der Literatur verwendete Vorgehensweisen zu (vgl. ausführlich BLASS 1978, S. 147 ff). Eine nach-

trägliche Begründung kann deshalb Schwächen aufzeigen, die so zum damaligen Zeitpunkt nicht gesehen wurden. Es war allerdings bei der Entwicklung der Klassifikation einerseits klar, daß die auch in anderen Aktivitätsstudien vorgenommene Trennung von existenzbezogenen Tätigkeiten als für das Individuum nicht frei verfügbaren Teil des Tages und "freien" Aktivitäten (d.h. in der Freizeit) beibehalten werden sollte, da gerade eine Untersuchung möglicher Veränderungen in diesem zweiten Aktivitätenbereich als im Sinne unserer Hypothesen bedeutsam angesehen wurde. Andererseits erforderten die Annahmen über den Zusammenhang zwischen Gelegenheit und Aktivität die Berücksichtigung eines zweiten Merkmales: die Abhängigkeit bzw. Unabhängigkeit der Tätigkeiten von Gelegenheiten. Es ergibt sich folgender zweidimensionaler Merkmalsraum:

	existenzbezogene Tätigkeiten	nicht existenzbezogene Tätigkeiten (Freizeitaktivitäten)
von Gelegenheiten abhängige Tätigkeiten		
von Gelegenheiten unabhängige Tätigkeiten		

Wenn der Ableitungsvorgang der Klassifikation an dieser Stelle fortgesetzt werden würde, müßten jetzt u.a. die sich ergebenden vier Kategorien genauer definiert und voneinander abgegrenzt werden. Da unser Klassifikationsschema[1] diesen strengen Anforderungen nicht mehr genügen würde, wollen wir es hier bei diesen noch recht allgemeinen Überlegungen belassen.

Als letzter Punkt sei noch erwähnt, daß wir eine differenziertere Klassifikation mit vielen Merkmalsklassen[2] für unsere Zwecke als eine nicht erforderliche Meßgenauigkeit ansahen. Deshalb entstand die in Übersicht 2 wiedergegebene Unterteilung mit 8 Merkmalsklassen.

---

1) Methodologisch präzise formuliert handelt es sich allerdings nicht um eine Klassifikation, sondern um eine Typologie, da zumindest das Kriterium der Ausschließlichkeit auf jeden Fall verletzt ist (vgl. z.B. FRIEDRICHS 1973, S. 87 ff oder MAYNTZ, HOLM & HÜBNER 1969, S. 157).

2) Vgl. z.B. den "Classification code for Household Activities", der, allerdings unter Einschluß der innerhäuslichen Aktivitäten, über 2oo verschiedene Kategorien unterscheidet (CHAPIN 1974, S. 22o ff). Weitere Typologien finden sich bei FRIEDRICHS (1977, S. 3o4).

Übersicht 2: <u>Klassifikation der Außerhausaktivitäten</u>

1. Haupt- und Nebenerwerb (<u>Arbeit</u>)
2. Inanspruchnahme von privater Dienstleistung
    2.1 Einkaufen (<u>Einkauf</u>)
    2.2 Service (<u>Private Dienstleistungen</u>)

    Gastronomie:
        Café, Imbiß, Hotel, Gaststätten,
        Tanzveranstaltungen

    Professionen:
        Arzt, Steuerberater, Notar,
        Rechtsanwalt

        Versicherung, Friseur, Kosmetik,
        Wäscherei, Reinigung, Bank
3. Inanspruchnahme von öffentlicher Dienstleistung
    (<u>Öffentlicher Dienstleistungen</u>)
    Bücherei, Verwaltung, Kindergarten, Altenheim,
    Jugencenter, Post, Elternschule, Beratungsstelle,
    Krankenhaus
4. Teilnahme an Veranstaltungen von Parteien, Verbänden etc.
    (<u>Politische Veranstaltungen</u>)
    Bürgerinitiativen, Kirche
5. Besuch "kultureller" Veranstaltungen und Institutionen
    (<u>Kulturelle Veranstaltungen</u>)
6. Sport, Spiel, Erholung (<u>Sport</u>, <u>Erholung</u>)

    Spazierengehen, Wandern, Rudern, Tennis, Fußball,
    Ballspiele, Radfahren, Gymnastik, Turnen, usw.
    Schrebergarten
    Beschäftigung mit Kindern, Spielplatz, Sportplatz,
    Schulweg
7. Bildung - Ausbildung - Weiterbildung (<u>Ausbildung</u>, <u>Weiterbildung</u>)
    Volkshochschule, Privatschulen, Schulen, Berufliche Fortbildungskurse
8. Reisen, Camping, Ausflüge (<u>Reisen</u>, <u>Besuche</u>)
    Besuche bei Freunden, Verwandten, Bekannten, Nachbarn u.ä.
    - Die unterstrichenen Begriffe werden im weiteren Text als "Titel"
      für die einzelnen Kategorien benutzt.
    - An- und Abfahrtszeiten werden den jeweiligen Aktivitäten
      zugeordnet.

3.2.2 Zonale Abgrenzung von lokalen und überlokalen Aktivitäten

Ein weiteres Merkmal des Aktionsraumes ist der Ort der Aktivität. Diese
Variable wurde in unserer Studie in unterschiedlicher Form erhoben und me-
trisiert. Die Befragten wurden aufgefordert, durch Nennung der Straße den
Ort der ausgeübten außerhäuslichen Aktivität genau zu bestimmen. In der Auswertung wurde dies in eine Distanz zum Wohnstandort, genauer: zum Mittel-
punkt der Wohnsiedlung des Befragten transformiert. Um nicht trotz erheb-
licher Meßprobleme eine falsche Genauigkeit vorzuspiegeln, bildeten wir um
jede untersuchte Siedlung ringförmige Zonen mit einer Breite von jeweils
5,5 km, so daß die Distanz nun endgültig in Entfernungszonen abgebildet
wurde. Wir sind uns der Problematik dieser willkürlichen Einteilung voll
bewußt, sahen jedoch für unsere Studie weder eine praktikablere Möglichkeit
einer genauen Distanzberechnung, noch erschien uns ein Ausweichen auf die
Benutzung administrativ abgegrenzter Räume (z.B. Ortsteile) aufgrund ihrer
unterschiedlichen Flächen eine bessere Lösung zu sein. Die Wahl der Zonen-
breite wurde durch den Maßstab des benutzten Kartenmaterials bedingt.
Da ein Teil unserer Hypothesen nur eine Differenzierung der Aktivitätsorte
in "innerhalb der Wohnsiedlung" (= lokal) und "außerhalb der Wohnsiedlung"
(= überlokal) erforderte, war diese Dichotomie aufgrund des Datenmaterials
natürlich leicht herstellbar, indem festgestellt wurde, welche Orte, d.h.
Straßen, den Siedlungen zuzuordnen waren (vgl. hierzu Abschn. 3.3.1).

3.2.3 Messung des sozio-ökonomischen Status

Es kann hier nicht der Ort sein, auch nur andeutungsweise die Vielzahl
von Studien über soziale Ungleichheit und Schichtung sowie deren Messung
zu referieren. Für eine Einführung in den Problemkreis sei der Leser also
auf die entsprechende Literatur verwiesen (z.B. neuerlich HAUG 1977). Da
dieses Forschungsproblem bereits in vielfältiger Weise untersucht und dargestellt worden ist, hatten wir uns entschlossen, auch im Sinne einer kumulativen Forschung, keine neue Vorgehensweise der Messung zu entwickeln, sondern auf ein bereits vorhandenes Meßinstrument zurückzugreifen. Zur Auswahl
schienen uns letztlich die Konzepte einerseits der Sozialen Selbsteinstufung
(SSE) nach KLEINING & MOORE (1968) andererseits die Methode der SES-Messung
nach SCHEUCH & DAHEIM (1961) zu stehen. Da das zweite Instrument - und zwar
in seiner verkürzten Fassung - das üblichere sein dürfte, haben wir dieses
verwendet.

Für jeden Befragten wurden die Merkmale
- Schulbildung
- Stellung im Beruf
- Haushaltseinkommen

erhoben. Der Berufsstatus als Teil des SES der befragten Person wurde durch eine Kombination des eigenen und des Berufsranges des eventuell vorhandenen Partners gebildet:
- Der Berufsstatus einer unverheirateten Person richtete sich nach ihrem aktuellen Berufsrang oder nach ihrem früheren Beruf und dessen Rang;
- bei verheirateten Personen nach dem jeweils höchsten Rang der beiden Partner, wenn beide berufstätig sind; bei nicht erwerbstätigen Befragten wurde der Berufsrang des berufstätigen Partners verwendet (vgl. Anhang A).

Der so ermittelte Berufsstatus wurde als individuelles Merkmal des Befragten angesehen. Der SES dieser Person wurde nun durch Addition aller drei Merkmalsausprägungen gefunden, wobei zusätzlich die Merkmale gleichgewichtet wurden.

Da es für einige statistische Auswertungen günstiger ist, eine Variable mit wenigen Merkmalsausprägungen zu verwenden, wurde diese SES-Skala analog der Skala bei SCHEUCH & DAHEIM auf eine Skala mit vier Merkmalsausprägungen abgebildet. Diese so erhaltenen Kategorien haben wir "Schichten" genannt. Bei der folgenden Darstellung der Ergebnisse wird also je nach Analyseverfahren entweder die SES-Skala selbst oder die durch Gruppierung erhaltene "Schicht"-Skala verwendet werden.

Der wohl strittigste Punkt bei der Konstruktion unseres Instrumentes zur Messung des SES, sowohl in der Literatur wie damit zwangsläufig auch unter den Teilnehmern an dieser Studie, war und ist das Problem, in welcher Form nichtberufstätigen oder verheirateten Personen ein Berufsstatus zugewiesen werden soll. Um für dieses methodische (und auch theoretische) Problem zumindest für diese Studie eine Lösung zu geben, sei auf folgende statistische Ergebnisse hingewiesen: Wird einerseits der SES-Index in der bereits oben beschriebenen Form der Messung gebildet, andererseits ein zweiter Index berechnet, der die Komponente "Berufsstatus" nur aus der aktuellen beruflichen Tätigkeit des Befragten bildet (also nur Frage 21, Anhang B), so korrelieren beide Meßwertmengen hoch miteinander (Tau-B: .75/ ProdM: .86).

Die Koeffizienten der multivariaten Analyse, die weiter unten dargestellt werden, sind für beide Meßmethoden sehr stabil, d.h. die Differenz zwischen den jeweils gleichen Koeffizienten übersteigt nie .06. Außer dieser absoluten Größe der Differenzen ist es auch noch von Bedeutung, daß nur ein Koeffizient bei der Anwendung beider Indizes seine statistische Bedeutsamkeit ändert, d.h. das "Daumenkriterium" .1o (vgl. dazu den Abschnitt über die Mehrvariablenanalyse) einerseits unter-, andererseits überschreitet. Da die absolute Differenz zwischen diesen beiden Koeffizienten jedoch nur .o4 beträgt, halten wir eine Interpretation dieses Unterschiedes nicht für sinnvoll.

Es ergibt sich somit, daß in unserer Studie kein empirisch bedeutsamer Unterschied bei der Verwendung der alternativen Meßinstrumente besteht. Allerdings sehen wir als Hauptursache hierfür weniger eine mangelnde Bedeutsamkeit der angestellten theoretischen Überlegungen zu diesem Punkt als vielmehr ein spezifisches Merkmal unserer Stichprobe: Da nur 17,2 % der Befragten nicht erwerbstätig waren, produzierte der gewählte Algorithmus zur SES-Messung keine wesentlich anderen Ergebnisse als die beschriebene alternative, einfachere Methode. Aus diesem Grund haben wir auch bei der weiteren Darstellung der Ergebnisse als SES-Index die Werte der zuerst beschriebenen Methode verwendet.

3.2.4 Messung der Aktivitäten

Da die Aussageeinheit in unseren Hypothesen meist das Individuum ist, konnte die Untersuchung nicht durch Messung der Aktivitäten an den Orten der Gelegenheiten (beispielsweise durch Beobachtung) erfolgen, sondern das Individuum mußte die Untersuchungseinheit sein. Unsere Absicht war es ja, herauszufinden, was eine Person wie lange wo tut.

Nun wird kein Forscher an allen Aktivitäten einer Person(engruppe) interessiert sein können, weil die mögliche Feinheit der Erhebung von Aktivitäten zu einer Zusammenfassung (Typisierung) zu Aktivitätsklassen zwingt. Dies gilt auch, wenn mit vorgeblich deskriptiver Absicht eine genaue Bestandsaufnahme versucht wird, wie es in der aufwendigen Studie von BARKER & SCHOGGEN (1951) "One Boys Day" geschehen ist oder von Studien mit der biographischen Methode beabsichtigt wird.
Der Typisierung bzw. der Genauigkeit, mit der Aktivitäten erhoben werden, liegen zudem implizite Hypothesen zugrunde, - wie jeder Beschreibung.
Da die aktionsräumliche Forschung mit Zeitbudgets arbeitet, ergeben sich hier alle jene Probleme der Erhebung, die bereits in der Zeitbudget-Forschung aufgetreten sind. Dies zeigt auch die umfangreiche Darstellung der Ergebnisse und Probleme der Zeitbudget-Forschung durch BLASS (1978). Ein Beispiel für ein Instrument zur Erhebung von Aktionsräumen ist das von HARVEY, ELLIOTT & STONE (1977) in Halifax verwendete (Abb. 9).

Abbildung 9: Zeit- nach Aktionsort-Protokoll von HARVEY, ELLIOTT & STONE (1977, S. 8)

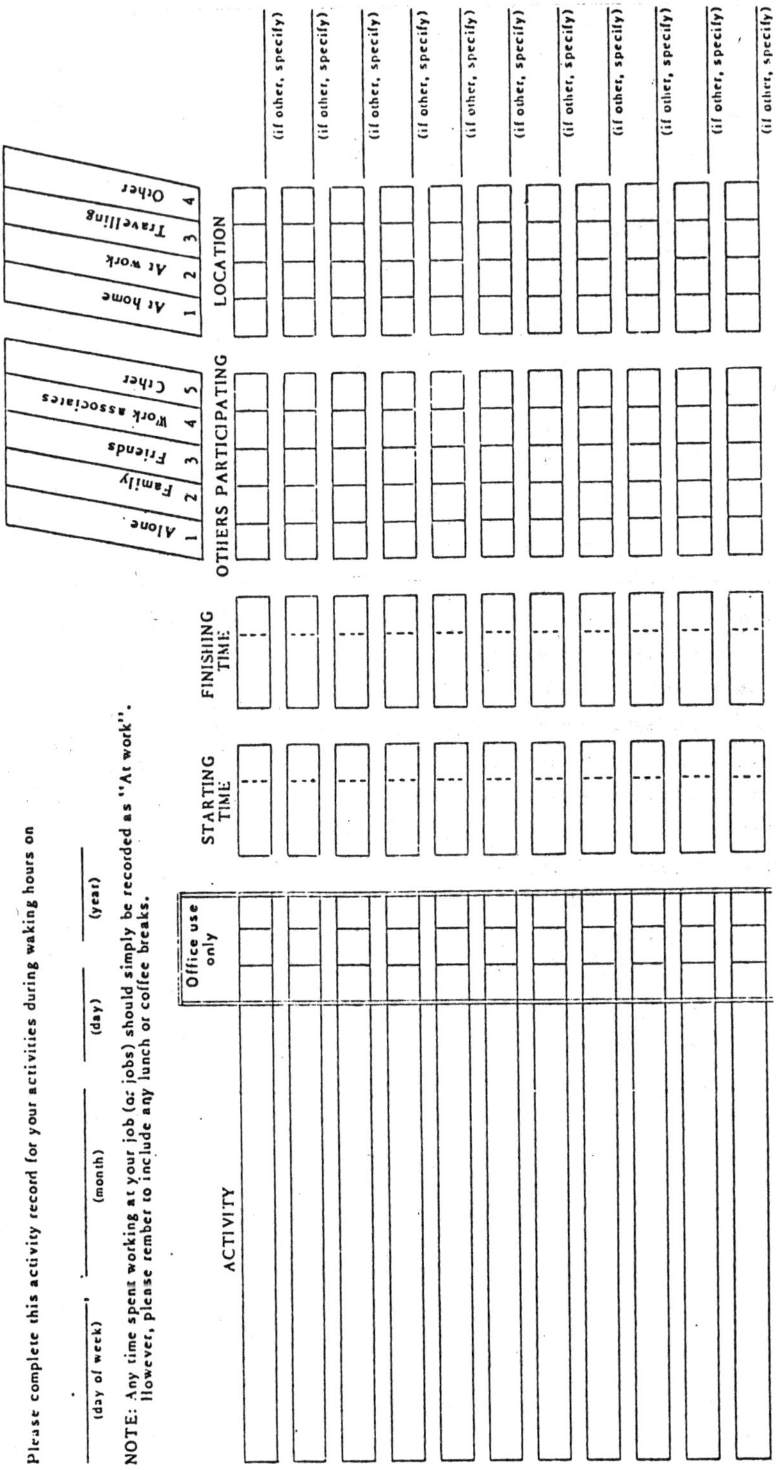

Es ergeben sich grundsätzlich vier Möglichkeiten, Aktivitäten und Zeiten zu
erheben: Vorgabe von Aktivitätsklassen oder offene Erhebung der Aktivitäten,
Vorgabe von Zeitintervallen oder offene Erhebung der Zeit (Dauer der Aktivität). Läßt man hier die Formen der Beobachtung und der Dokumenten- bzw. Se-
kundäranalyse als Methoden außer acht, so bestehen bei einem Zeitbudget-In-
terview und einem Zeitbudget-Protokoll (Tagebuch) dichotomisiert folgende
Verfahren für das Erhebungsinstrument:

Zeiten	Aktivitäten	
	vorgegeben	genannt
vorgegeben	1	2
genannt	3	4

Das Ziel aller Unternehmungen scheint relativ einfach definierbar zu sein:
Man will möglichst genau erfassen, wie häufig (die Häufigkeit wird im folgenden nur beispielhaft für andere Merkmale der Aktivität wie z.B. Dauer oder
Ort genannt) eine Aktivität ausgeübt wurde bzw. ausgeübt werden wird. Analysiert man das angestrebte Ergebnis jedoch genauer, so stellt man fest, daß
eine Vielzahl von Annahmen gemacht werden müssen, um das gewünschte Resultat
erreichen oder um den gemessenen Wert interpretieren zu können. So geht man
z.B. davon aus, daß der Bericht über das Verhalten, den die befragte Person
als Reaktion auf eine entsprechende Frage hin abgibt, in genügender Genauigkeit und Übereinstimmung mit der Realität gegeben wird. Vor allem an das Er-
innerungsvermögen des Befragten werden bei diesem Untersuchungsgegenstand
große Anforderungen gestellt. Dieser Erinnerungsverlust, also eine verminder-
te Genauigkeit und Gültigkeit, ist z.B. bei Wochenprotokollen beträchtlich
größer als bei Tagesprotokollen (vgl. BLASS 1978, S. 116 ff, 139 ff).
Auf der anderen Seite wird vom Meßinstrument erwartet, daß es weder eine
scheinbare Genauigkeit der Messung produziert, noch, daß es ungenauer ist,
als es der Forscher für seine Zwecke benötigt. Dieses Problem ergab sich für
uns beispielsweise darin, zu entscheiden, mit welcher Feinheit der Zeitintervalle die Befragten ihren Tagesablauf würden reproduzieren können (z.B. in
Minutenabständen, in Viertelstunden oder in Stunden), um daran die endgültige
Gestaltung des Meßinstrumentes auszurichten.
Die wohl wichtigste Annahme, die einer Entscheidung zwischen zwei der oben
skizzierten Möglichkeiten der Messung (Aktivitäten vorgegeben - genannt) zugrunde liegt, betrifft die Verteilung bzw. Wahrscheinlichkeit des Auftretens
bestimmter Aktivitäten in der zu untersuchenden Stichprobe. Wenn man davon
ausgeht, daß eine interessierende Tätigkeit in dem zu messenden Zeit-

raum weder bei jeder Person noch mit einiger Wahrscheinlichkeit bei einigen Personen der ganzen Stichprobe beobachtbar ist, man aber aus praktischen Gründen das Zeitintervall der Erhebung nicht verlängern kann (z.B. von einem Tag auf eine Woche), so wird man kaum umhin können, direkt zu fragen, wie häufig der Befragte nach seiner Ansicht diese Tätigkeit beispielsweise in einem Monat ausübt (vgl. SCHEUCH 1972).

Aus den Ergebnissen der Interviewforschung wissen wir allerdings, daß diese Art direkter Befragung mit großen Meßfehlern behaftet ist. Eine der wichtigsten Vorteile der Zeitbudgetmethode soll dagegen die größere Genauigkeit und Zuverlässigkeit der erhaltenen Daten sein (vgl. v. ROSENBLADT 1969, S. 61). Obwohl damit sicherlich nicht völlige Exaktheit gemeint ist, erscheint es zumindest plausibel anzunehmen, daß es einer Person leichter fällt, z.B. einen gesamten Tag durch Führen eines "Tagebuches" oder durch eine Befragung kurz danach zu rekonstruieren, als wenn man sie zur Beschreibung eines "normalen" Verhaltens auffordert. Dem Argument, daß im Erhebungszeitraum spezielle Umstände bei Personen der Stichprobe aufgetreten sein können, die von ihrem "üblichen" Tagesablauf abweichen (z.B. wegen Krankheit nicht gearbeitet zu haben), wird mit dem Wahrscheinlichkeitsargument begegnet, daß bei genügend großer Stichprobe sich diese Verzerrungen ausgleichen werden.

Da uns allerdings die Argumente für beide Strategien zu wenig erforscht schienen, haben wir versucht, in unserer Studie beide Methoden miteinander zu kombinieren. Einige der hier geäußerten Gedanken werden uns deshalb bei der Besprechung der Ergebnisse nochmals beschäftigen. Ausgangspunkt unserer Überlegungen bei der endgültigen Gestaltung des Meßinstrumentes war die sich aus den Variablen der Hypothesen ergebende Notwendigkeit, für jede zu untersuchende Person einige sozio-strukturelle Merkmale erheben zu müssen. Dies konnte unseres Erachtens am besten durch ein mündliches Interview erfolgen. Da wir aus praktischen Gründen nur eine kurze Feldphase zur Verfügung hatten, wäre diese für einen kombinierten Einsatz mehrerer Meßmethoden (z.B. Interview und "Tagebuch") nicht ausreichend gewesen. Außerdem erschien uns der zu untersuchende Sachverhalt zu schwierig, als daß er mittels schriftlicher Befragung hätte erhoben werden können. Aus diesen Gründen haben wir bei allen Untersuchungsteilen die Methode der mündlichen Befragung angewandt.

Die Aktivitätenmessung im Rahmen des Interviews wurde demnach in folgender Weise durchgeführt: Die Befragten wurden aufgefordert, ihre Tätigkeiten außerhalb der Wohnung bzw. des Hauses für einen ganzen Tag chronologisch, d.h. dem Tagesablauf entsprechend, aufzuführen. Die Feinheit der angewandten zeitlichen Unterteilung wurde auf maximal 15 Minuten festgelegt, da eine größere Genauigkeit unserer Meinung nach die Interviewten überfordert hätte. Dies bedeutet allerdings, daß eine Aktivität, die kürzer als diese Zeitspanne ausgeübt wurde, nicht festgestellt werden konnte. Die Wegezeiten, die benötigt wurden, um zu dem Ort der Aktivitätsausübung zu gelangen bzw. ihn wieder zu verlassen, wurden der jeweiligen Aktivitätsdauer zugerechnet. Wir überschätzen demnach die Aktivitätsdauer.

Die ausgeübten Aktivitäten wurden von den Befragten frei genannt. Erst bei der Codierung wurden diese Nennungen unserem zuvor entwickelten Schema der Aktivitätsklassen zugeordnet. Damit sollte eine befragte - oder subpopulationsspezifische Interpretation der (umfangreichen) Aktivitätsklassen verhindert werden. (Vgl. zu diesem Problem BLASS 1978, S. 134 ff.) Die Codierer wurden geschult und kontrolliert, um eine reliable Zuordnung der Befragtennennungen zu den Aktivitätsklassen vorzunehmen.

Die Befragung wurde jeweils für einen Sonntag und einen Wochentag durchgeführt. Nach vorliegenden Studien über tagesspezifisches Verhalten (z.B. BREESE 1964, KUTTER 1972) lassen sich die Wochentage Montag bis Donnerstag, Freitag, Sonnabend, Sonntag als Tagestypen nach dem Verhalten der Bevölkerung unterscheiden. Wir unterscheiden daher in unserer Erhebung und der Auswertung werktagsspezifische Zeitbudgets (Montag bis Donnerstag) und wochenendspezifische (Sonntag). Gefragt wurde immer nach dem Werktag vor dem Interview und nach dem vergangenen Sonntag.

Wie bereits erwähnt, haben wir auch für eine Gruppe von Aktivitäten unabhängig von den täglichen Zeitbudgets die monatliche Häufigkeit und die Orte der Aktivitätsausübung durch direkte Fragen erhoben. Diese Auswahl soll repräsentativ für die einzelnen Klassen von Aktivitäten der Klassifikation sein. Hierbei blieb die Aktivität "Arbeiten" unberücksichtigt, für die Aktivität "Einkaufen" wurde eine weitere, gesonderte Frage in Verbindung mit einer näheren Bestimmung der aufgesuchten überlokalen Zentren gestellt (vgl. Fragen 16 + 17 im Anhang B).

3.3 Stichproben

3.3.1 Siedlungsauswahl

Die Auswahl der befragten Personen geschah, methodisch formuliert, durch eine zweistufige Stichprobenziehung. Die erste Stufe bildete dabei die Siedlungsauswahl. Theoretisch hätte die Stichprobenziehung auch durch eine einstufige Zufallsauswahl aus der Einwohnerschaft Hamburgs erfolgen können. Da jedoch unsere Überlegungen unter anderem davon ausgingen, daß Merkmale des Wohnstandortes das Verhalten beeinflussen, erschien es uns für den Forschungsplan sinnvoller zu sein, diesen Variablensatz dadurch zu kontrollieren, daß jeweils ein Teil der Interviewten dieselben Merkmale des Wohnstandortes besitzen sollten. Durch Auswahl eines Teils der Befragten der gesamten Stichprobe aus jeweils einer Siedlung konnte diese Forderung am besten erfüllt werden. Somit waren nur noch die Merkmale der Siedlungen zu bestimmen und eine Auswahl zu treffen.

Ausgangspunkt der Überlegungen zu unserer Forschungsfrage war, nochmals in Erinnerung gerufen, der von HEIL (1971) festgestellte Verhaltensunterschied zwischen Bewohnern von Neubausiedlungen und solchen von Altbausiedlungen. Wenn man nun, wie in dieser Studie geschehen, das Alter eines Quartiers durch sein mittleres Erstbezugsjahr definiert, so erscheint es wenig einsichtig, Verhaltensvariablen als von dieser Größe beeinflußbar anzusehen. Unter dem von uns angenommenen Zusammenhang zwischen Gelegenheiten und Verhalten wäre die Dimension Altbau - Neubau vielmehr neu zu definieren als entweder die Menge der Gelegenheiten innerhalb der Siedlung oder, etwas allgemeiner, die Erreichbarkeit von Gelegenheiten. Wenn aber die Ausstattung eines städtischen Gebietes mit Gelegenheiten dem Prinzip der Zentralität folgt, wäre zu erwarten, daß zentral gelegene Siedlungen eine gute Siedlungsausstattung und/oder eine gute Erreichbarkeit der außerhalb der Siedlung befindlichen Gelegenheiten aufweisen, und daß peripher gelegene Siedlungen diese Eigenschaften im gleichen Maße weniger besitzen. Wir haben bereits im Abschnitt 3.1 auf einen Mangel mehrerer vorliegender Studien über Neubausiedlungen hingewiesen: in der Stichprobe der untersuchten Siedlungen werden jeweils periphere Neubausiedlungen zentralen Altbausiedlungen gegenübergestellt. Diese implizite Gleichsetzung von peripher = Neubau und zentral = Altbau ist theoretisch nicht gerechtfertigt, da es sowohl intermediäre alte und neue Siedlungen im Stadtgebiet gibt, als auch zentrale Neubaugebiete.

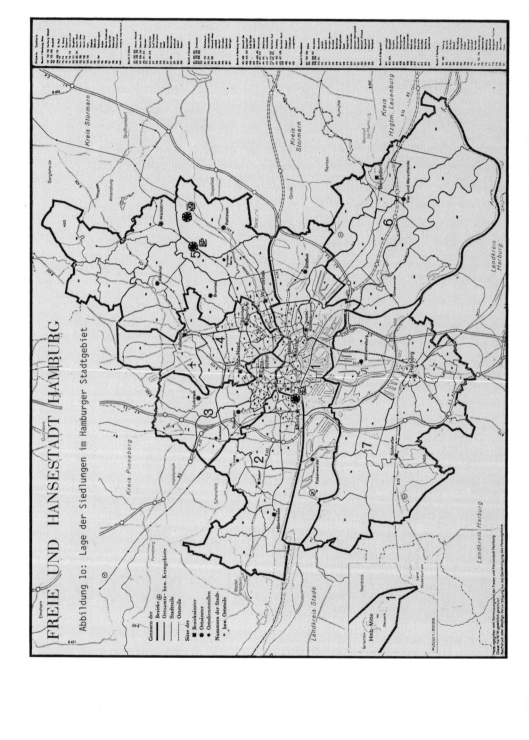

FREIE UND HANSESTADT HAMBURG

Abbildung 1o: Lage der Siedlungen im Hamburger Stadtgebiet

Abbildung 11: SIEDLUNG HEXENBERG

▲ Siedlung Hexenberg, Innenhof zwischen Dosestraße und Hexenberg

▲ Siedlung Hexenberg, Kinderspielplatz zwischen Hamburger Hochstr. u. Breite Str., Hintergrund: Altbauten

▲ Siedlung Hexenberg, Panorama zwischen St.Trinitatis und Lange Str., rechts: Altbauten

Abbildung 12: SIEDLUNG BERNER PARK

◢ Richtg. SW – Busbrookhöhe – Richtg. NO ▶ Berner Park ◢ Zamenhofweg Rtg. SW – Busbrookhöhe Rtg. NW ▶

Abbildung 13: SIEDLUNG WILDSCHWANBROOK

▲eine Stichstraße – Straße Wildschwanbrook▶Wildschwanbrook▲an einer Stichstraße – Parkplatz im Wendekreis▶

Tabelle 1: <u>Ausgewählte Merkmale der drei Siedlungen</u>

	Hexenberg	Berner Park[1]	Wildschwanbrook[2]
Mittleres Erst-bezugsjahr	1973/74	1965	1966
Wohneinheiten	446	1.9oo	1.4oo
Wohnbevölkerung	1.211	4.o8o	4.976
Wohnfläche qm/Person	23,9	18,8	2o,o
Miete DM/qm	4,8o	2,88	2,63
Wohnbevölkerung nach Geschlecht:			
männlich %	47,7	47,4	48,3
weiblich %	52,3	52,6	51,7
Anteil der 2o - 6o-jährigen an der Wohnbevölkerung %	5o,o	47,6[3]	48,8[3]

Quelle: BOUSTEDT 1973, eigene Berechnungen

1) BOUSTEDT's Untersuchung, aus der die Werte für Berner Park und Wild-schwanbrook entnommen sind, beruht einerseits auf der "Gebäude- und Wohn-flächenzählung" 1968, andererseits auf der Volkszählung 197o. Da während dieses Zeitraums in Berner Park mehrere Blocks mit Wohnungen vor allem für Ein-Personen-Haushalte entstanden, beruhen die beiden Daten "Wohn-fläche/Person" und "Miete/qm" auf veralteten Statistiken. Eine Korrektur dieser Zahlen ist uns leider nicht möglich gewesen.

2) Die Angaben für Wildschwanbrook in BOUSTEDT 1973 erstrecken sich auf ein größeres Gebiet als die eigentliche Siedlung, da der gesamte Block nördlich der Straße "Wildschwanbrook" einbezogen wurde (vgl. Abb. 16). Unseren Schätzungen zufolge wohnen in der Siedlung Wildschwanbrook ca. 4.ooo Personen, die Zahl der Wohneinheiten ist entsprechend geringer. Inwieweit die anderen Angaben über die Siedlung ebenfalls korrigiert werden müßten, ist uns unbekannt.

3) Diese Angaben beziehen sich nur auf die 21 - 6o jährigen.

Es wird also mit zwei Merkmalen gearbeitet, "Lage" und "Alter", die jeweils zwei Ausprägungen haben:

		Alter	
		neu	alt
	zentral	1	2
Lage			
	peripher	3	4

Wenngleich faktisch beide Merkmale stetig sind, also zahlreiche Ausprägungen aufweisen, sei hier nur auf den in der Literatur häufigen Fall
der dichotomen Ausprägungen eingegangen. Für eine Analyse der Aktionsräume ist es wichtig, nicht nur die Typen 2 und 3, sondern auch 1 und 4
zu untersuchen, um mögliche Effekte der Merkmale "Lage" und "Alter" trennen zu können. Ist dies nicht möglich (aus forschungspraktischen Gründen),
so ist bei einem Vergleich der Typen die Variation nur eines Merkmales
sinnvoller als die gleichzeitige Variation beider. Das entscheidende Siedlungsmerkmal, welches in unserer Studie variiert wurde, war deshalb die
Lage der Siedlung innerhalb des städtischen Gebietes. Grundlage der von
uns getroffenen Auswahl der Siedlungen war BOUSTEDT's (1973) Untersuchung
über 19 Hamburger Neubausiedlungen. In der im Mai 1976 durchgeführten Studie über die beiden Siedlungen Berner Park und Wildschwanbrook war durch
die Auswahl versucht worden, möglichst ähnliche Siedlungen auszuwählen,
die sich nur hinsichtlich der Variablen "Lage" unterscheiden sollten (vgl.
Tab. 1 und Abb. 1o).
Als jedoch eine erste Auswertung der Ergebnisse dieser Untersuchung keine
Unterschiede hinsichtlich dieser Variable zeigte, vermuteten wir, daß die
Variation dieses Merkmals nicht groß genug gewesen war. Bei der Nachun-
tersuchung im Dezember 1976 wurde mit der Siedlung "Hexenberg" nun zwar
ein zentral gelegenes Quartier ausgewählt, jedoch mußte dabei eine Variation in anderen Siedlungsmerkm alen in kauf genommen werden (vgl. nochmals Tab. 1 und Abb. 1o).

Vor allem bei Bewohnern, die am Rande einer Siedlung wohnen, stellt sich
die Frage, inwieweit diese überhaupt die Nutzungsangebote der Siedlung
annehmen oder ob sie die Siedlungsgrenze "überschreiten" und nahe Gelegenheiten außerhalb ihres Quartiers wahrnehmen. Wir haben versucht, dieses
mögliche Verhalten dadurch zu erfassen, daß um das eigentliche Siedlungs-

gebiet in einer Entfernung von 5oo m ein zweiter Bereich abgegrenzt wurde,
dessen Ausstattung mit Gelegenheiten noch zur Siedlungsausstattung hinzugerechnet wurde.

Das Nutzungsangebot in den so bestimmten Gebieten wurde bei einer Begehung
der Quartiere erfaßt und ist in den folgenden Abbildungen dargestellt
(Abb. 14 - 16).

Zu einer Bestimmung der Siedlungsausstattung gehört sicherlich auch, die
verkehrsmäßige Erschließung zu erfassen, hiervon interessiert vor allem
die Verbindung der Siedlung mit den restlichen Teilen der Stadt(region)
durch das Netz des öffentlichen Nahverkehrs. Insbesondere auch unsere Überlegungen zur Benutzung außerhalb der Siedlung liegender Einrichtungen machte es notwendig zu prüfen, inwieweit dies Personen, denen kein eigener PKW
zur Verfügung steht, durch eine entsprechende Ausstattung mit Haltestellen
und einer oder mehreren ÖNPV-Linien auch ermöglicht wird.

In Tab. 2 sind diese Ergebnisse zusammengefaßt.

Die Güte der verkehrlichen Anbindung der drei Siedlungen wurde dabei durch
die Erreichbarkeit zentraler Standorte im Stadtgebiet gemessen. Eine Be-
sonderheit der Entwicklung des hamburgischen Stadtgebietes ist die planerische Ausrichtung auf ein Konzept hierarchischer Zentren, d.h. die zentralen Standorte besitzen eine unterschiedliche, genau definierte Bedeutung für das städtische Umland. Aus diesem Grund haben wir zur Messung der
verkehrlichen Anbindung Zentren unterschiedlichen Bedeutungsgrades ausgewählt, die durch die in Tab. 3 aufgeführten planerischen Werte gekennzeichnet werden.

Legende zu Abbildungen 14 - 16

● 1	Lebensmittel
● 2	"-Supermarkt
● 3	Obst, Gemüse
● 4	Schlachterei
● 5	Bäckerei/Konditorei
● 6	Tabak, Lotto, Zeitschriften, Papier, Bücher
● 7	Blumen
● 8	Drogerie
● 9	Apotheke
●10	Elektrowaren
●11	Radio, TV, Schallplatten
●12	Uhren, Schmuck
●13	Teppiche, Tapeten, Fliesen
●14	Möbel
●15	Kohlen, Öfen
●16	Textilien/Boutique
●17	Schuhe
●18	Getränke
●19	Sportartikel
●20	Antik-, Gebrauchtwaren
● 21	Autozubehör
● 22	Optiker
● 23	Kaufhaus
− 24	Eis, -café
− 25	Restaurant
− 26	Imbiß
− 27	Lokal, Kneipe, Gaststätte
− 28	Sex-Lokal
− 29	Spielhalle
− 30	Discothek
0 31	Kino
− 32	Hotel
0 33	Schneiderei
0 34	Wäscherei, Waschcenter, Heißmangel
● 35	Friseur, Kosmetik
0 36	Reinigung
0 37	Bestattungen
● 38	Schuhmacher
● 39	Maler
●40	Glaser
●41	Tankstelle
0 42	Autowerkstatt
✗43	Bank, Sparkasse
✗44	Versicherungsagentur
●45	Druckerei
● 46	Klempner
● 47	Zoogeschäft
=48	praktischer Arzt
=49	Facharzt o.ä.
=50	Zahnarzt

= 51	Bäder-Klinik
● 52	Fotogeschäft
0 53	Wettbüro
●54	HEX: Fischmarkt (nur sonnt.) BP/WSB: Fische
●55	Spielwaren
●56	Haushaltswaren
●57	Lederwaren
●58	Reformhaus
●59	Buchhandlung
●60	Farben, Lacke
0 61	Sportverein
● 62	Geschenke
● 63	Bauausführungen
● 64	Kaffee-Geschäft
● 65	Autohändler
● 66	Fahrradhandel
● 67	Rechtsanwalt
● 68	Gartenbau
● 69	Großhandel

B.	Bolzplatz
Dro.b.	Drogenberatung
EKZ	Einkaufszentrum
Fw.	Feuerwache
H	Bushaltestelle mit Linien-Nr.
HdJ.	Haus der Jugend
Kh.	Kinderheim
†E.	evang. Kirche
†K.	kath. Kirche
Kita	Kindertagesheim
Klg.	Kleingärten
Mb.	Mütterberatung
Ö.B.	Öffentl. Bücherhalle
Pa.	Postamt
Park	Parkanlage
Pol.	Polizeiwache
Sch.	Schule
Sp.	Spielplatz
Spo.pl.	Sportplatz
SSch.	Sonderschule
T.	Teich
Vh.	Volkshaus
Wa.	Waschhaus

◉	=	Einzelhandel
⊖	=	Gastronomie
⬮	=	Gewerbe
⊖	=	Ärzte, Gesundheit
⊗	=	Banken, Sparkassen
⊙	=	Sonstiges
Ⓜ	=	Rechtsanwälte

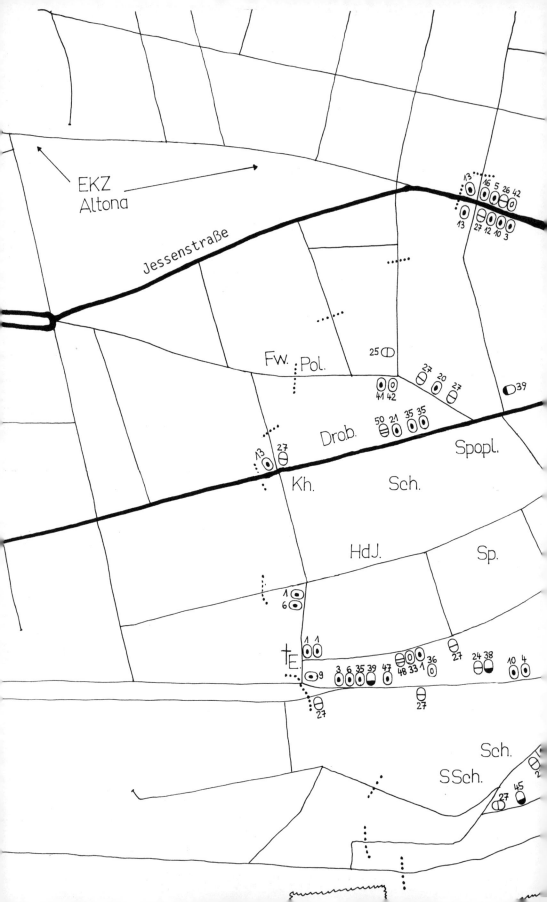

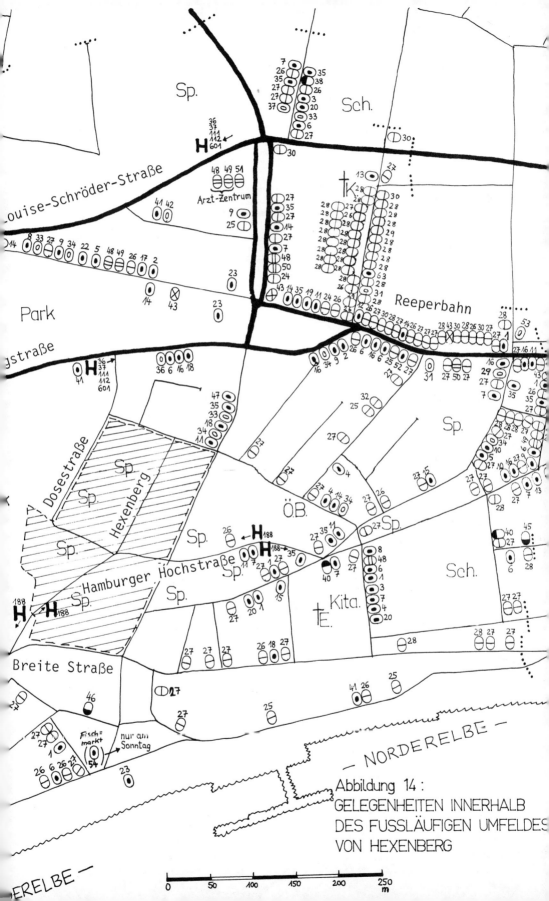

Abbildung 14:
GELEGENHEITEN INNERHALB
DES FUSSLÄUFIGEN UMFELDES
VON HEXENBERG

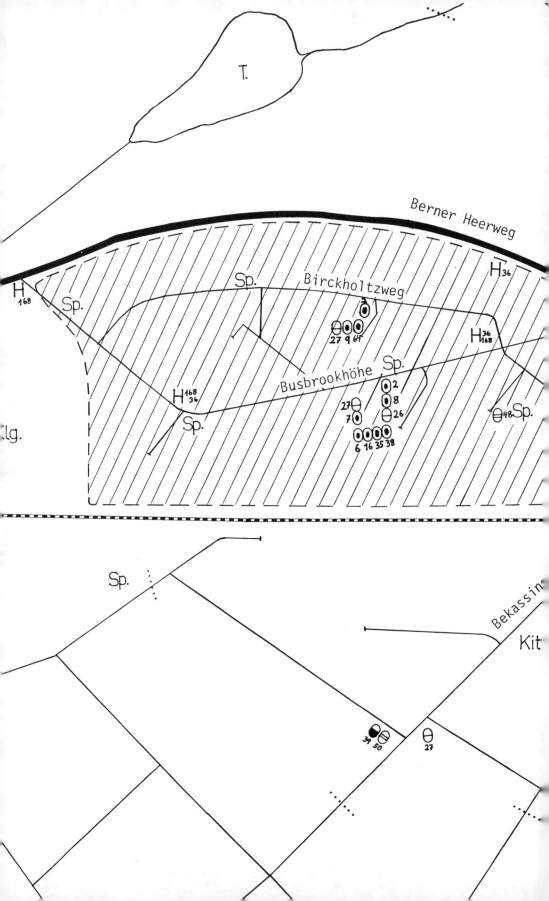

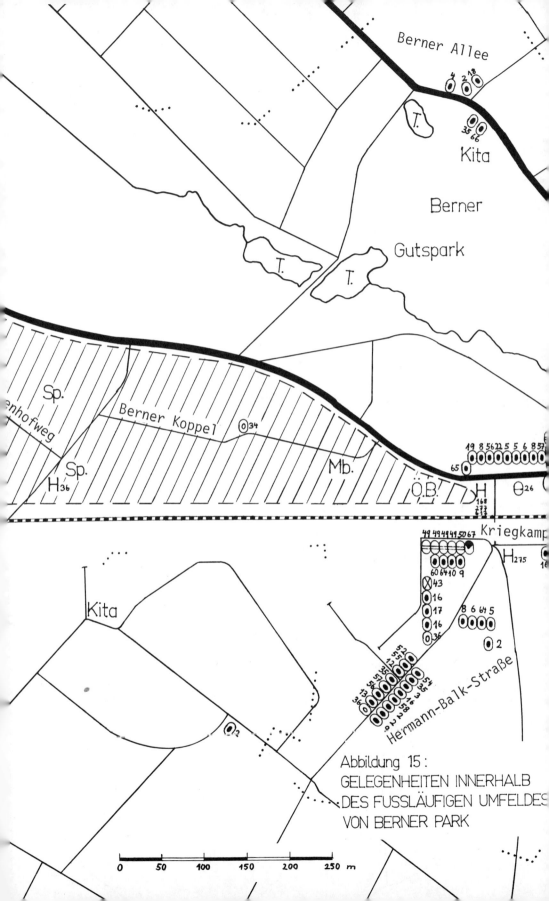

Abbildung 15:
GELEGENHEITEN INNERHALB
DES FUSSLÄUFIGEN UMFELDES
VON BERNER PARK

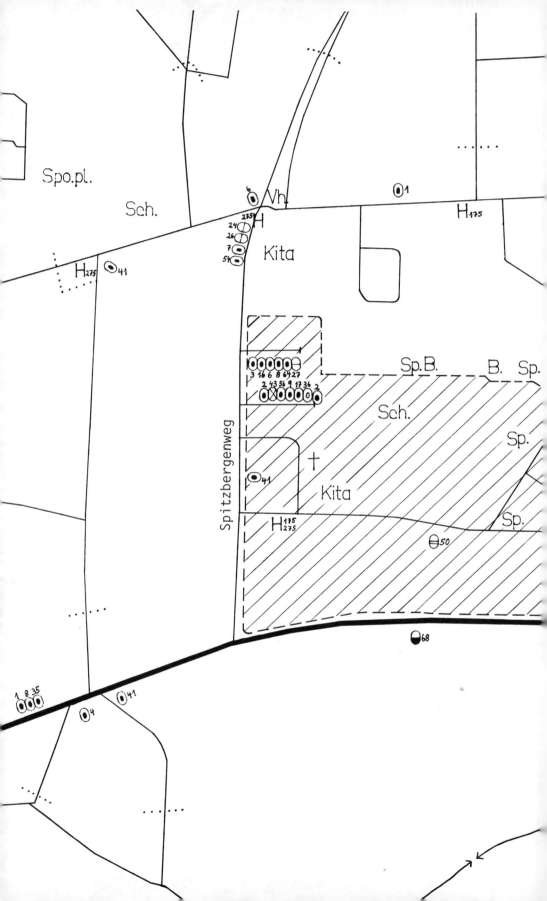

Spo.pl.

Sch.

Vh

H₁₇₅

H₂₇₅ ◉41

Kita

Spitzbergenweg

Sp.B.   B. Sp.

Sch.

Sp.

+

Kita

Sp.

H¹⁷⁵₂₇₅

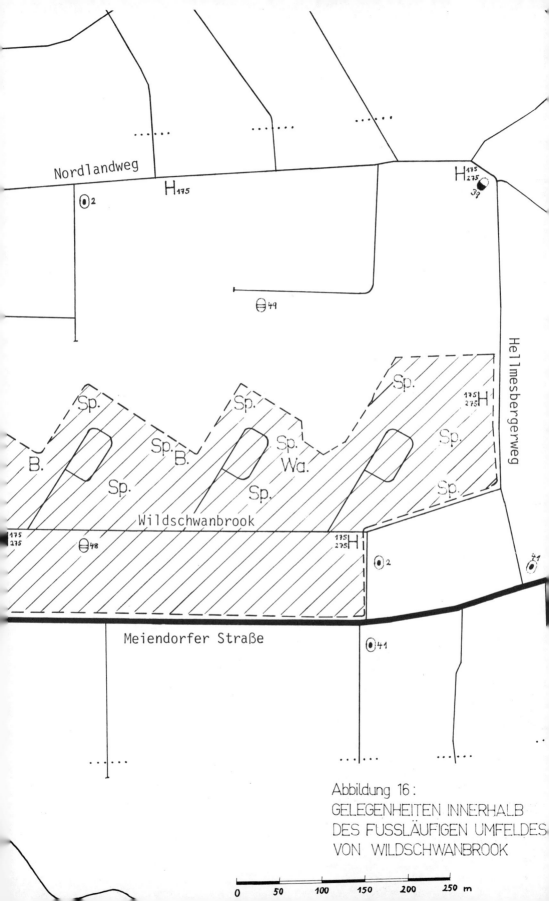

Abbildung 16:
GELEGENHEITEN INNERHALB
DES FUSSLÄUFIGEN UMFELDES
VON WILDSCHWANBROOK

Tabelle 2: <u>Verkehrliche Anbindung und Entfernung von Zentren</u>[1]

	Hexenberg	Berner Park	Wildschwanbrook
Entfernung von City (A_1-Zentrum) in km	4,5	12,1	14,8
ÖNV-Verkehrsmittel	Bus	Bus + U-Bahn	Bus + U-Bahn
Fahrzeit in Min.	15	31	39
Fahrzeit mit PKW in Min. [2]	13	31	43
Entfernung von B_1-Zentrum in km	1,o	7,2	9,7
ÖNV-Verkehrsmittel	Bus	Bus + U-Bahn	Bus + U-Bahn
Fahrzeit in Min.	4	18	26
Fahrzeit mit PKW in Min. [2]	3	8	15
Entfernung von B_2-Zentrum in km	s.B_1-Zentr.	2,5	2,9
ÖNV-Verkehrsmittel	-	Bus (m.Umsteig.)	Bus
Fahrzeit in Min.	-	11	7
Fahrzeit mit PKW in Min. [2]	-	7	11

1) Die Daten über die öffentlichen Verkehrsmittel entstammen dem Fahrplan des Hamburger Verkehrsverbundes.
2) Die Fahrzeiten mit dem PKW wurden an einem Werktag um 18.oo Uhr gemessen.

Tabelle 3: <u>Hierarchie der Zentralen Standorte in Hamburg, Auszug</u>
(FNP 73, S. 22, 26)

Zentralität	Verbale Definition	Aufgabenbereiche[1]	Einwohner im Einzugsbereich
A_1	City	M S V	überregional
B_1	Bezirkszentrum	M S V	ca. 2oo.ooo
B_2	Bezirks- entlastungszentrum	S	ca. 15o.ooo
C_1	Stadtteilzentrum mit Ortsamt	S V	2o.ooo - 7o.ooo
C_2	Stadtteilzentrum ohne Ortsamt	S	2o.ooo - 7o.ooo

1) M = Management (Wirtschaftsverwaltung, S = Service (Dienstleistungen für die Wohnbevölkerung), V = Öffentliche Verwaltung

Aus Tab. 2 wird somit nochmals die zentrale Lage der Siedlung Hexenberg im Stadtgebiet verglichen mit den beiden anderen untersuchten Gebieten sehr deutlich.

In Tab. 4 ist nun die Ausstattung mit Gelegenheiten für alle drei Sied-lungen in einige Kategorien zusammengefaßt dargestellt. Die Spalte "Inner-halb der Siedlung" kennzeichnet dabei diejenigen Nutzungsangebote, die sich auf dem eigentlichen Siedlungsgebiet befinden, während die Gesamtzahl für jede Siedlung die Ausstattung einschließlich des Angebots auf dem die Sied-lung umgebenden Gebiet bezeichnet.

Es zeigt sich, daß die Ausstattung innerhalb des Siedlungsgebietes in den beiden ähnlichen Quartieren Berner Park und Wildschwanbrook wenig unter-schiedlich ist, vor allem wenn die Werte bezogen auf die Einwohnerzahl standardisiert werden. Verglichen damit besitzt Hexenberg nahezu keine Gelegenheiten innerhalb der Siedlung, was sicherlich hauptsächlich auf die geringere Siedlungsgröße zurückzuführen ist. Andererseits weist dort das nähere Umfeld eine große Ausstattung auf; durch die Zahlen wird die Lage in der Nähe eines bedeutenden Zentrums einerseits und des Vergnügungs-viertels "Reeperbahn" andererseits eindeutig charakterisiert.

Die räumliche Verteilung der drei Siedlungen im Stadtgebiet diskriminiert also recht deutlich hinsichtlich der Merkmale Siedlungsausstattung und Er-reichbarkeit zentraler Standorte im städtischen Raum.

Tabelle 4: <u>Ausstattung der Siedlungen mit Gelegenheiten</u>

	Dienstleistungen			Gemeinbedarf		Verkehr	
	ges.	Einzel- handel	Service	ges.	Kinder- spielpl.	ÖNV- Halte- Stell.	Anzahl ÖNV- Linien
Hexenberg							
<u>Anzahl</u>:							
absolut	9o	26	64	29	12		6
pro 1.ooo Einwohner	74,3	21,5	52,8	23,9	9,9		
innerhalb d. <u>Siedlung</u>:							
absolut	o	o	o	4	4	1	1
in %	0,0	0,0	0,0	13,8	33,3		
pro 1.ooo Einwohner	0,0	0,0	0,0	3,3	3,3		
Berner Park							
<u>Anzahl</u>:							
absolut	9o	54	36	18	9		6
pro 1.ooo Einwohner	22,1	13,2	8,8	4,4	2,2		
innerhalb d. <u>Siedlung</u>:							
absolut	15	8	7	1o	7	3	2
in %	16,7	14,8	19,4	55,6	77,8		
pro 1.ooo Einwohner	3,7	2,o	1,7	2,5	1,7		
Wildschwanbrook							
<u>Anzahl</u>:							
absolut	35	27	8	23	14		2
pro 1.ooo Einwohner	7,o	5,4	1,6	4,6	2,8		
innerhalb d. <u>Siedlung</u>:							
absolut	16	11	5	18	12	4	2
in %	45,7	4o,7	62,5	73,3	85,7		
pro 1.ooo Einwohner	3,2	2,2	1,o	3,6	2,4		

Wenn man sich an dieser Stelle nochmals den Hypothesenkatalog (vgl. Abschn.
3.1.1) in Erinnerung ruft, und die dort genannten sechs unabhängigen Variablen, die durch Siedlungsmerkmale gebildet werden, aus Gründen der Einfach-
heit für einen Moment auf die vier wichtigeren reduziert, läßt sich unter
der Annahme dichotomer Merkmalsausprägungen folgende vierdimensionale Klassifikation konstruieren, in die unsere drei Siedlungen entsprechend eingeord-
net werden können (vgl. Übersicht 3).
Von den acht Zellen der Klassifikation (bei Variation der Variable "Alter der Siedlung" in Form einer Dichotomie sind es 16 Felder) werden durch
unsere Siedlungsstichprobe nur drei besetzt. Dies bedeutet aber, daß jede
Siedlung eine bestimmte Merkmalskombination der vier Variablen repräsentiert.
Wenn im weiteren Text also die Variable "Lage der Siedlung" genannt wird,
so sind damit genaugenommen diese drei Merkmalskombinationen gemeint. Deshalb ist der Test der Hypothesen H_1 bis H_{10} auch nur unvollständig möglich,
da der Einfluß jeder einzelnen dieser Variablen nicht von dem der anderen
getrennt werden kann.

Übersicht 3: Untersuchte Merkmalskombinationen der Siedlungsvariablen

Alter der Siedlung: konstant (= mittl.Erstbez. ab 1965)					
				Güte der Siedlungs-ausstattung	
				groß	gering
Entfernung von Zentren	groß	Siedlungs-größe	groß	Berner Park	Wildschwan-brook
			klein		
	klein	Siedlungs-größe	groß		
			klein	Hexenberg	

3.3.2 Auswahl der Befragten

Nachdem nun feststand, welche Siedlungen untersucht werden sollten, mußte
noch geklärt werden, welcher Personenkreis für die Befragung ausgewählt
werden sollte. Es kam uns hierbei nicht in erster Linie auf eine Repräsen-
tativität der Stichprobe für bestimmte Grundgesamtheiten an, sondern einige praktische Probleme und Überlegungen standen im Vordergrund der Auswahl.
Da unser Forschungsvorhaben wenige Vorläufer dieser Art hat, wollten wir
eine Stichprobe aus einer möglichst weitgefaßten Bevölkerungsgruppe untersuchen, um damit gleichzeitig eine größere Verwertbarkeit der Studie für
planerische Zwecke herzustellen. Personenkreise mit sehr spezifischen Merkmalen und Verhaltensweisen, wie z.B. Rentner oder Jugendliche, wurden deshalb ausgeschlossen. Da die Personen unserer Meinung nach am einfachsten
zu Hause zu interviewen waren, war ein zusätzliches Kriterium die Verfügbarkeit des Adressenmaterials.
Diese Überlegungen wurden am besten durch eine Bevölkerungsgruppe mit folgenden Merkmalen erfüllt:

- Alter = Jahrgänge 1916 - 1956
- Staatsangehörigkeit = deutsch

Die Stichprobe wurde durch eine Zufallsauswahl aus dem Adressenmaterial
der entsprechenden Einwohnermeldeämter gebildet.
Die Ausschöpfung der Stichprobe und die Berechnung der Ausfälle zeigt Tab. 5.
Einige ausgewählte Merkmale der schließlich erzielten Stichproben sind in
Tab. 6 zusammengestellt.
Aus diesen Daten ist unserer Überzeugung nach keine Verzerrung der Auswahl
in der einen oder anderen Richtung erkennbar, die die Ergebnisse von vorn-
herein fragwürdig machen würde.

Tabelle 5: Ausschöpfung der Stichproben, Ausfälle

	Hexenberg abs.	Hexenberg %	Berner Park abs.	Berner Park %	Wildschwanbrook abs.	Wildschwanbrook %
gezogene Adressen	141		358		348	
davon verzogen	5		3o		22	
verbliebene Stichprobe	136	1oo,o	328	1oo,o	326	1oo,o
nicht angetroffen	9	6,6	44	13,4	41	12,6
sonst. Hinderungsgründe[1]	6	4,4	32	9,8	22	6,7
Verweigerungen	21	15,4	52	15,9	51	15,6
durchgeführte Interviews	1oo	73,5	2oo	61,0	212	65,0

1) Krankheit, Urlaub, geistige Behinderung, in Haft etc.

Tabelle 6: Vergleich der Stichproben nach ausgewählten Merkmalen

	Hexenberg abs.	Hexenberg %	Berner Park abs.	Berner Park %	Wildschwanbrook abs.	Wildschwanbrook %
Interviews	1oo	1oo,o	2oo	1oo,o	212	1oo,o
Geschlecht						
weiblich	47	47,0	93	46,5	86	4o,6
männlich	53	53,0	1o7	53,5	126	59,4
Alter						
2o - 29 Jahre	31	31,0	29	14,5	34	16,0
3o - 44 Jahre	45	45,0	84	42,0	125	59,0
45 - 6o Jahre	24	24,0	87	43,5	53	25,0
Familienstand						
verheiratet	78	78,0	16o	8o,0	171	8o,7
ledig	8	8,0	22	11,0	17	8,0
verwitwet/geschieden/getrennt lebend	14	14,0	18	9,0	24	11,3

(Fortsetzung)

(Fortsetzung "Vergleich der Stichproben...")

	Hexenberg		Berner Park		Wildschwanbrook	
	abs.	%	abs.	%	abs.	%
Anzahl der Kinder und Altersgruppen						
keine Kinder	3o	3o,o	59	29,5	36	17,o
1 Kind	27	27,o	51	25,5	61	28,8
2 - 3 Kinder	37	37,o	84	42,o	1o5	49,5
4 u. mehr Kinder	6	6,o	6	3,o	1o	4,7
bis 5 Jahre (A)	12	12,o	9	4,5	17	8,o
6 - 17 " (B)	36	36,o	82	41,o	116	54,7
18 J. u. älter (C)	6	6,o	11	5,5	15	7,1
(A) + (B)	13	13,o	19	9,5	15	7,1
(B) + (C)	3	3,o	2o	1o,o	13	6,1
Schicht[1]						
untere Unters.	3o	3o,o	54	27,o	56	26,4
obere Unters. + untere Mittels.	54	54,o	1o4	52,o	99	46,7
mittl. + obere Mittels.	14	14,o	32	16,o	43	2o,3
Oberschicht	o	o,o	3	1,5	5	2,4
Erwerbstätigkeit						
ganztags	7o	7o,o	134	67,o	145	68,4
halbtags	13	13,o	31	15,5	31	14,6
nicht erwerbst.	17	17,o	35	17,5	36	17,o
PKW-Besitz (Haushalt)	57	57,o	151	75,5	165	77,8
PKW-Verfügung (befragte Person)	55	55,o	12o	6o,o	139	65,6

1) Aufgrund von Antwortverweigerungen u.ä. ist die Summe der absoluten Zahlen niedriger als die Anzahl der jeweils durchgeführten Interviews. Entsprechend lassen sich die Prozentwerte nicht auf 1oo,o % summieren.

4.   ERGEBNISSE

Vor der Darstellung der einzelnen Ergebnisse soll hier noch der Hinweis
auf ein Problem eingefügt sein, das in vielen Studien der Aktionsraum-
und Zeitbudgetforschung übergangen wird, weshalb die Ergebnisse der einzelnen Arbeiten auch nur schwer verständlich und nicht miteinander vergleichbar sind.
Das Ergebnis der Analyse, wie häufig die Personen einer Stichprobe eine
Aktivität ausüben, läßt sich in Form einer Häufigkeitsverteilung darstellen, wie es z.B. in Abb. 17a geschehen ist.

Abbildung 17: Häufigkeitsverteilungen von Aktivitäten

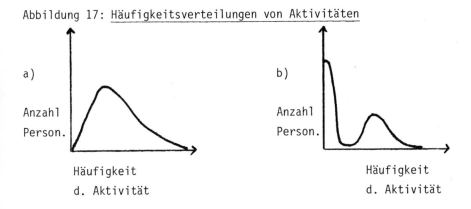

Der erste Teil des Problems besteht nun darin, herauszufinden, durch
welche Maßzahl(en) sich diese Verteilungsform am besten darstellen läßt.
Üblicherweise wird dazu, wie selbstverständlich, das arithmetische Mittel verwendet. Dies ist aber nur eines der sogenannten Lagemaße, andere
sind z.B. der Modalwert (der den häufigsten Wert der Verteilung angibt)
und der Median (derjenige Wert der Verteilung, der die untersuchte Personengruppe in zwei gleichgroße Teile trennt). Nur im Fall einer symmetri-
schen Verteilung sind diese drei Maßzahlen gleich, andernfalls unterscheiden sie sich mehr oder weniger stark in charakteristischer Weise voneinander. Eine asymmetrische Verteilung, wie in Abb. 17a dargestellt, wird also
durch die Nennung nur einer Maßzahl der Lage nur ungenügend wiedergegeben.
Weiterhin kann eine Verteilung hinsichtlich ihrer Streuung charakterisiert
werden. Die bekanntesten Maße hierfür sind die Varianz und die Standard-
abweichung.

Eine Beschreibung nur einer der beiden Verteilungseigenschaften (Lage oder
Streuung) führt also zu einer weiteren unvollständigen Charakterisierung.

Gerade bei der Messung von Aktivitäts- oder Zeitbudgets tritt nun häufig eine Verteilungsform auf, die eine zusätzliche Schwierigkeit zu unserem Problem hinzufügt (vgl. Abb. 17 b): die bimodale Verteilung. Sie entsteht dadurch, daß einerseits ein großer Teil der Befragtengruppe die untersuchte Aktivität nicht ausübt und andererseits die Nennungen der restlichen Befragten sich um einen Wert konzentrieren. Der bimodale Charakter ist jedoch durch die genannten Maßzahlen nicht darstellbar.

Diese Verteilungsform kann nun allerdings in unserem Fall dadurch in eine unimodale Form übergeführt werden, daß alle Nichtaktiven unberücksichtigt bleiben und die Häufigkeitsverteilung nur für die Aktiven gebildet wird. Diese läßt sich dann unter Beachtung der oben erwähnten Gesichtspunkte wieder mit den üblichen Maßzahlen darstellen. Wir werden deshalb im folgenden bei den meisten Darstellungen univariater Ergebnisse jeweils beide Verteilungen (die der gesamten Stichprobe und die für die Aktiven allein) durch Maße beschreiben.

Für den Planer können beide Angaben aufgrund ihrer Aussagekraft für unterschiedliche Teile der Bevölkerung von Nutzen sein: Die Werte bezogen auf die gesamte Stichprobe sind Durchschnittsgrößen für eine recht weitgefaßte Bevölkerungsgruppe, während die Ergebnisse nur der Gruppe der Aktiven eine genauere Kenntnis verschiedener Verhaltensweisen ermöglichen.

4.1 Die Struktur von Zeitbudgets

4.1.1 Häufigkeit der Aktivitäten

Die Zahl der Personen, die am Werktag ihre Wohnung überhaupt nicht verlassen haben, beträgt maximal 5 % der jeweiligen Untersuchungsgruppe (Tab. 7). Da auch die absolute Größe dieser Teilgruppen niedrig ist, kann man wohl davon ausgehen, daß normalerweise alle Siedlungsbewohner an diesem Tag mindestens eine Aktivität außerhalb der Wohnung ausüben.

Diesen ersten Eindruck, wie aktiv die Personen eigentlich sind, die wir untersucht haben, ergänzen die Werte aus Tab. 8 und Abb. 18. Sie zeigen, wie groß der Anteil der Personen innerhalb einer Siedlung ist, die eine bestimmte Menge unterschiedlicher Tätigkeiten pro Tag ausüben (Abb. 18), bzw. charakterisieren die so entstandenen statistischen Verteilungen durch einige Maßzahlen (Tab. 8).

Aus den Ergebnissen lassen sich nur geringfügige Unterschiede zwischen den Siedlungen ablesen, so daß für alle wohl folgende Merkmale gleichermaßen zutreffen: Am Werktag üben 2/3 der Befragten ein oder zwei Aktivitäten außerhalb der Wohnung aus. Gut 1/4 der Gesamtstichprobe ist jedoch mit drei bis vier Tätigkeiten noch aktiver. Das Ergebnisbild für den Sonntag ist eine beinahe perfekte Abbildung der Verteilung der Aktivitätshäufigkeiten am Werktag. Der wichtige Unterschied ist, daß die Aktivitätenvielfalt der einzelnen Personen abgenommen hat. So üben jetzt 2/3 der Befragten keine oder maximal eine Tätigkeit außerhalb der Wohnung aus, während nur noch 1/4 zwei oder drei unterschiedliche Dinge im Verlauf des Tages tun.

Daß die Aktivitätsänderung zwischen Werktag und Sonntag hauptsächlich durch den Wegfall der Arbeitstätigkeit hervorgerufen wurde, scheint aufgrund des hohen Berufstätigenanteils der Stichprobe (ca. 7o%) plausibel zu sein. Welche Tätigkeitenkombinationen die Befragten an beiden Tagen jedoch im einzelnen ausüben, kann durch unsere Untersuchung nicht geklärt werden.

Tabelle 7: <u>Anzahl der Personen, die im Befragungszeitraum keine</u>
<u>Aktivitäten außerhalb der Wohnung ausüben</u>

	Werktags		Sonntags	
	Anzahl Personen	% der Stichpr.	Anzahl Personen	% der Stichpr.
Hexenberg	o	0,0	3o	3o,0
Berner Park	5	2,5	41	2o,5
Wildschwanbrook	11	5,2	58	27,4

Tabelle 8: <u>Durchschnittliche Anzahl unterschiedlicher Tätigkeiten</u>
<u>pro Person (nur Aktive)</u>

	Mittelwert	Median	Modalwert	Standardabweichung
Werktags				
Hexenberg	2,3	2,1	1,o	1,4
Berner Park	2,2	2,o	2,o	1,2
Wildschwanbrook	2,1	1,9	2,o	1,1
Sonntags				
Hexenberg	1,9	1,5	1,o	1,2
Berner Park	1,6	1,3	1,o	o,8
Wildschwanbrook	1,6	1,4	1,o	o,9

Abbildung 18: <u>Verteilung der Aktivitätshäufigkeit pro</u>
<u>Person in den Siedlungen</u>

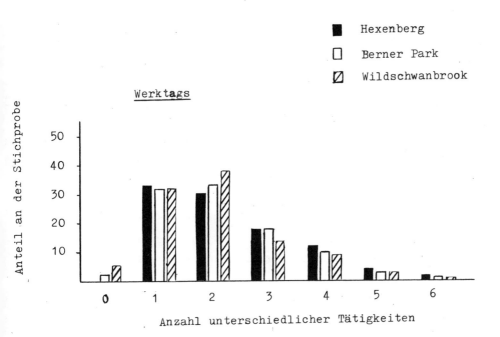

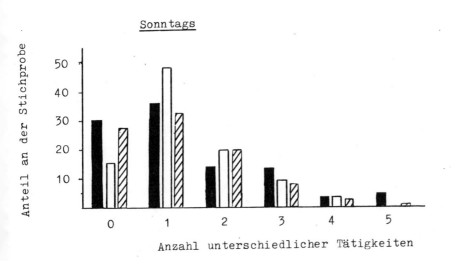

4.1.2 Dauer der Aktivitäten

Die Tagesabläufe der befragten Personen an den beiden untersuchten Wochentagen (Werktag und Sonntag) weisen eine Reihe von Gemeinsamkeiten auf, die
die Gestalt der Zeitbudgets bestimmen (s. Tab. 9 und 1o).
Der Zeitaufwand für den Schlaf ist, gemessen an anderen Tätigkeiten, relativ gleich bei allen Personen. Allerdings gibt es zwei Ausnahmen: Die
Schlafdauer ist am Sonntag höher als am Werktag, außerdem ist sie an diesem Tag in der Siedlung Hexenberg auch höher als in den beiden anderen Sied
lungen. Für diesen Unterschied bietet sich eine Erklärung an, die wir im
Laufe der Darstellung der Daten noch mehrmals werden zu Hilfe nehmen müssen
Die Interviews in Hexenberg wurden im Dezember durchgeführt, während sie in
Berner Park und in Wildschwanbrook im Mai stattfanden. Die Auswirkungen der
klimatischen Bedingungen auf die Tätigkeiten zeigen sich auch bei der Dauer
aller Aktivitäten innerhalb der Wohnung. Während sie am Werktag für alle
Siedlungen relativ gleich ist, hält sich die Befragtengruppe aus Hexenberg
Sonntags ca. eine Stunde länger in der Wohnung auf als die restlichen Be-
fragten.
Für die uns hauptsächlich interessierenden außerhäuslichen Aktivitäten steh
demnach nur noch ein kleiner, aber unterschiedlich großer Teil des Tages zu
Verfügung. Die Dauer aller Aktivitäten außerhalb der Wohnung (Mittelwerte,
in Std.) beträgt:

	Hexenberg	Berner Park	Wildschwanbrook
Werktags	9,o	9,4	9,1
Sonntags	3,9	6,1	5,4

Den größten Anteil dieser Zeit nimmt am Werktag selbstverständlich die Erwerbstätigkeit ein. Ca. 7o % aller Befragten haben an diesem Tag durch-
schnittlich 8 3/4 Std. gearbeitet, dabei scheinen die Unterschiede zwischen
den Siedlungen unbedeutend zu sein.
An dieser Stelle muß für einen Augenblick auf ein Meßproblem eingegangen
werden, das bei der gleichzeitigen Messung von Aktivitätsdauer und -ort
auftritt: Innerhalb eines Tages kann eine Aktivität von einer Person an
mehreren Orten ausgeübt werden. Um diese Verbindung zwischen Dauer und Ort
bei der Codierung aufrecht zu erhalten, wurde von uns vorgesehen, daß eine
Tätigkeit mehrmals mit unterschiedlichen Orten an einem Tag genannt werden
konnte. Es zeigte sich, daß maximal drei unterschiedliche Aktivitätsorte
genannt wurden.

Tabelle 9: __Dauer der Aktivitäten am Werktag (in Std.)__

	Hexenberg					Berner Park						Wildschwanbrook					
	Mittel-wert	Median	Modal-wert	Stand.-abw.	% = n	Mittel-wert	Median	Modal-wert	Stand.-abw.	%	n	Mittel-wert	Median	Modal-wert	Stand.-abw.	%	n
Schlaf	7,5	7,2	7,5	1,7	100	7,6	7,5	7,0	1,6	98,0	196	7,5	7,5	7,5	1,3	93,4	198
ges. Aktivitäten innerhalb der Wohnung	7,5	7,0	7,0	3,8	100	7,0	6,0	4,0	3,9	98,0	196	7,4	6,3	4,5	4,0	93,4	198
Arbeiten (1. Nennung) alle Befragten	6,3	8,1	0,0	4,7	100	6,2	8,4	0,0	4,7	100,0	200	6,2	7,6	0,0	4,8	99,5	211
nur Aktive	8,7	9,7	10,3	3,2	73	8,7	9,5	9,5	2,9	70,5	141	8,9	9,7	10,0	3,0	68,9	146
Einkaufen alle Befragten	0,6	0,1	0,0	0,9	100	0,5	0,1	0,0	0,9	100,0	200	0,5	0,1	0,0	0,9	99,5	211
nur Aktive	1,2	1,0	1,0	0,8	50	1,2	0,9	1,0	1,0	39,5	79	1,2	0,9	0,5	1,0	42,0	89
Private Dienstleistungen alle Befragten	0,3	0,0	0,0	0,8	100	0,3	0,0	0,0	0,8	100,0	200	0,3	0,0	0,0	0,9	100,0	212
nur Aktive	1,7	1,4	0,5	1,1	20	1,3	1,0	0,3	1,2	19,0	38	1,7	1,0	0,5	1,7	14,2	30
Sport, Erholung alle Befragten	0,2	0,0	0,0	0,7	100	0,5	0,1	0,0	1,1	100,0	200	0,5	0,0	0,0	1,1	100,0	212
nur Aktive	1,1	0,8	0,5	1,0	21	1,6	1,1	1,0	1,5	28,0	56	2,1	1,9	1,0	1,4	22,6	48
Reisen, Besuche alle Befragten	0,5	0,0	0,0	1,3	100	0,9	0,0	0,0	2,4	100,0	200	0,8	0,0	0,0	2,1	99,5	211
nur Aktive	2,7	2,5	2,5	1,9	19	4,3	2,6	2,0	3,9	20,5	41	4,0	3,1	2,0	3,2	18,9	40
Öffentliche Dienstleistungen alle Befragten	0,2	0,0	0,0	1,5	100	0,1	0,0	0,0	0,4	100,0	200	0,1	0,0	0,0	0,3	100,0	212
nur Aktive	0,5	0,8	0,8	0,2	6	1,6	1,1	1,0	0,9	6,0	12	1,1	0,6	0,5	0,8	6,6	14
Politische Veranstaltungen alle Befragten	0,0	0,0	0,0	0,0	100	0,1	0,0	0,0	0,5	100,0	200	0,0	0,0	0,0	0,3	100,0	212
nur Aktive	0,0	0,0	0,0	0,0	0	2,6	2,1	2,0	1,1	3,5	7	2,0	1,9	1,0	0,9	1,9	4
Kult. Veranstaltg. alle Befragten	0,0	0,0	0,0	0,5	100	0,0	0,0	0,0	0,2	100,0	200	0,0	0,0	0,0	0,2	100,0	212
nur Aktive	2,8	3,0	2,0	0,8	3	2,1	2,1	1,8	0,5	1,0	2	2,3	2,3	1,5	1,1	0,9	2
Ausbildung, Weiterbildung alle Befragten	0,0	0,0	0,0	0,3	100	0,1	0,0	0,0	0,7	100,0	200	0,1	0,0	0,0	0,8	100,0	212
nur Aktive	1,0	1,9	1,3	0,9	2	4,1	3,8	1,3	2,6	2,0	4	3,5	2,6	2,5	2,7	3,3	7
Arbeiten (2. Nennung) nur Aktive												4,9	4,6	2,5	2,8	9,0	19

Tabelle 1o: <u>Dauer der Aktivitäten am Sonntag (in Std.)</u>

	Hexenberg						Berner Park						Wildschwanbrook					
	Mittel-wert	Median	Modal-wert	Stand.-abw.	%	n	Mittel-wert	Median	Modal-wert	Stand.-abw.	%	n	Mittel-wert	Median	Modal-wert	Stand.-abw.	%	n
Schlaf	10,0	10,1	10,8	1,8		100	9,1	9,4	9,0	2,5	95,5	191	9,3	9,4	9,0	1,6	93,4	198
ges. Aktivitäten innerhalb der Wohnung	10,0	11,0	12,5	3,9		100	8,8	9,0	8,5	4,6	97,5	195	9,3	9,6	14,0	4,6	93,9	199
Sport, Erholung (1. Nennung) alle Befragten	0,7	0,1	0,0	1,2		100	1,3	0,1	0,0	2,4	99,5	199	1,4	0,1	0,0	2,8	100,0	212
nur Aktive	1,8	1,1	1,0	1,4		40	3,1	2,1	2,0	3,0	41,0	82	3,7	2,5	1,0	3,4	37,3	79
Reisen, Besuche (1. Nennung) alle Befragten	0,9	0,0	0,0	2,3		100	3,8	0,1	0,0	5,9	100,0	200	2,7	0,1	0,0	4,5	100,0	212
nur Aktive	4,2	3,0	1,0	3,2		22	8,1	6,9	2,0	6,2	47,0	94	6,8	6,3	3,0	4,8	39,2	83
Arbeiten alle Befragten	1,0	0,0	0,0	3,0		100	0,4	0,0	0,0	2,4	100,0	200	0,5	0,0	0,0	1,9	100,0	212
nur Aktive	8,1	6,4	5,5	4,3		12	11,1	10,1	10,0	7,2	3,5	7	6,7	7,3	5,3	3,1	7,5	16
Einkaufen alle Befragten	0,2	0,0	0,0	0,5		100	0,0	0,0	0,0	0,4	100,0	200	0,0	0,0	0,0	0,1	100,0	212
nur Aktive	1,2	1,0	0,5	1,0		13	2,0	0,5	0,3	2,8	1,5	3	0,5	0,5	0,5	0,3	3,3	7
Private Dienstleistungen alle Befragten	0,4	0,0	0,0	1,3		100	0,1	0,0	0,0	0,4	100,0	200	0,2	0,0	0,0	0,7	100,0	212
nur Aktive	2,9	2,5	1,0	2,4		14	1,5	1,4	1,0	0,7	6,5	13	2,0	1,9	1,0	1,2	9,0	19
Öffentliche Dienstleistungen alle Befragten	0,0	0,0	0,0	0,3		100	0,0	0,0	0,0	0,0	100,0	200	0,0	0,0	0,0	0,2	100,0	212
nur Aktive	3,0	3,0	3,0			1	0,0	0,0	0,0	0,0	0,0	0	2,5	2,5	2,0	0,7	0,9	2
Politische Veranstaltungen alle Befragten	0,1	0,0	0,0	0,5		100	0,0	0,0	0,0	0,4	100,0	200	0,1	0,0	0,0	0,4	100,0	212
nur Aktive	2,3	1,9	1,0	2,1		3	4,5	4,5	4,3	0,4	1,0	2	2,0	1,8	0,5	1,2	2,8	6
Kult. Veranstaltg. alle Befragten	0,1	0,0	0,0	0,4		100	0,1	0,0	0,0	0,7	100,0	200	0,1	0,0	0,0	0,8	100,0	212
nur Aktive	2,4	2,5	2,0	0,4		3	4,2	4,0	2,5	1,4	2,5	5	3,7	2,9	2,0	2,7	2,8	6
Ausbildung, Weiterbildung alle Befragten	0,0	0,0	0,0	0,0		100	0,0	0,0	0,0	0,0	100,0	200	0,0	0,0	0,0	0,0	100,0	212
nur Aktive	0,0	0,0	0,0	0,0		0	0,0	0,0	0,0	0,0	0,0	0	1,5	-1,5	1,5	0,1	0,5	1
Sport, Erholung (2. Nennung)							1,9	1,4	3,0	1,5	12,0	24						

Für die Darstellung der Daten in den Tabellen 9, 1o, 18 und 19 und für die
weitere statistische Bearbeitung legten wir als Auswahlkriterium für die
"Bedeutsamkeit" der Daten fest, daß mindestens 15 Befragte pro Siedlung
diese Tätigkeit ausgeübt haben mußten. Die meisten Tätigkeiten mit unterschiedlichem Aktivitätsort pro Person erfüllten dieses Signifikanzkriterium
aber nicht und mußten deshalb unberücksichtigt bleiben. In den Tabellen 9,
1o, 18 und 19 sind alle Aktivitätskategorien aufgeführt, auch wenn weniger
als 15 Personen diese Tätigkeiten nannten, die Mehrfachnennungen, also
Tätigkeiten mit unterschiedlichem Aktivitätsort hingegen nur dann, wenn der
Schwellenwert auch tatsächlich erreicht wurde.

Die nächste Aktivitätskategorie, die, gemessen an der Häufigkeit der Nennungen, im Tagesablauf der Befragten einen bedeutsamen Platz einnimmt, ist das
Einkaufen (Tab. 9). Der Anteil der aktiven Befragtengruppen in den Siedlungen liegt zwischen 39,5 und 5o,o %, der Zeitaufwand beträgt jeweils etwas
mehr als eine Stunde.

In der Reihenfolge der Häufigkeit der Nennungen folgt die Aktivitätskategorie "Sport, Erholung". Der Anteil der Aktiven liegt zwischen 21 und 28 %,
der Zeitaufwand zwischen 1,1 und 2,1 Stunden. Da die Siedlung Hexenberg
hier jeweils die niedrigsten Werte aufweist und die Tätigkeiten, die in
dieser Kategorie zusammengefaßt wurden, vor allem unter freiem Himmel statt-
finden, scheint sich in diesen Unterschieden der jahreszeitliche Einfluß
zum Befragungszeitpunkt bemerkbar zu machen.

Die Aktivitätskategorie, die nach der Arbeit den zweithöchsten Zeitan-
teil der außerhäuslichen Aktivitäten am Werktag bei den aktiven Befragtengruppen ausmacht, ist "Reisen, Besuche". Knapp 2o % der befragten Gruppen
übten diese Tätigkeiten aus, wobei die Bewohner Hexenbergs etwa 2,7 Stunden dabei verbrachten, die der beiden anderen Siedlungen 1,5 Stunden mehr -
auch dies wohl ein Effekt der Jahreszeit.

Die letzte der Aktivitätskategorien am Werktag ist "Private Dienstleistungen". Ca. 15 - 2o % der Befragten führten eine entsprechende Tätigkeit mit
einem durchschnittlichen Zeitaufwand von etwa 1,5 Stunden aus.

Am Sonntag (vgl. Tab. 1o) ergaben sich für alle drei Siedlungen nur zwei
bedeutsame Aktivitätskategorien: "Sport, Erholung" und "Reisen, Besuche".
Beiden ist gemeinsam, daß sich ein klarer Unterschied zwischen dem Verhalten der Dewohner Hexenbergs und dem der Personen der beiden anderen Siedlungen feststellen läßt. Auch hier scheint uns die Erklärung dieser Unterschiede durch die Zeitpunkte der Befragungen angebracht zu sein. Die Ergebnisse lauten im einzelnen:

Die Kategorie "Sport, Erholung" übten jeweils etwa 4o % der Befragten aus. Während sich jedoch in Berner Park und Wildschwanbrook der Zeitaufwand, verglichen mit dem Werktag, nahezu verdoppelte (auf ca. 3,5 Std.), stieg er in Hexenberg nur um eine gute halbe Stunde auf 1,8 Std. Wenn man den jahreszeitlichen Einfluß als Erklärung für den unterschiedlichen Zeitaufwand in den drei Siedlungen akzeptiert, so bleibt es ein interessantes Datum, daß die Höhe des Anteils der aktiven Bevölkerungsgruppen in den Siedlungen etwa gleich ist, also diesem Einfluß nicht unterliegt.

Ganz anders verhält es sich hiermit bei der Kategorie "Reisen, Besuche". Innerhalb der aktiven Befragtengruppen nehmen diese Tätigkeiten die meiste, am Sonntag außerhalb der Wohnung verbrachte Zeit in Anspruch. In Berner Park und Wildschwanbrook verdoppelt sich gegenüber dem Werktag der Anteil der aktiven Bevölkerung auf 4o - 47 % der Befragtengruppen, der Zeitaufwand steigt in beinahe gleichem Maße auf Werte zwischen 7 und 8 Stunden. Diese Größenordnung wird vor allem durch eine Vielzahl von Wochenendurlaubern (Ferienhaus, Camping, Wohnwagen) hervorgerufen. In Hexenberg hingegen vergrößert sich die Gruppe der Aktiven nur unwesentlich (22 %), aber trotz einer Steigerung der Aktivitätsdauer auf 4,2 Std. ist dieser Wert nur halb so hoch wie in den beiden anderen Siedlungen.

Bei einem Vergleich der absoluten Dauer der Tätigkeiten zwischen den Siedlungen muß man allerdings berücksichtigen, daß der Zeitaufwand, um zu einem Aktivitätsort zu gelangen bzw. diesen wieder zu verlassen, der jeweiligen Kategorie hinzugerechnet wurde. Wie im folgenden Abschnitt (4.2.1) noch gezeigt werden wird, unterscheiden sich die Siedlungen deutlich hinsichtlich der Entfernung der Aktivitätsorte vom Wohnstandort. Wenn aber die Bewohner Hexenbergs weniger Zeit aufwenden müssen, um eine Gelegenheit zu erreichen, weil sich diese näher an der Siedlung befindet, so bedeutet die gleiche oder ähnliche Zeitdauer einer Aktivität in allen drei Siedlungen, daß die Personen aus Hexenberg für die Tätigkeit selbst mehr Zeit verbrauchen konnten als alle anderen. Aufgrund unseres Forschungsdesigns ließ sich dieser Effekt jedoch nicht näher isolieren.

Die bisher erfolgte Besprechung der Ergebnisse ließ unklar, warum wir einige Unterschiede zwischen den Werten als interessant und bedeutsam, andere hingegen als unbedeutend und als zufällige Abweichungen voneinander dargestellt haben. Dies geschah sicherlich eher unter vom Alltagsverständnis geleiteten Gesichtspunkten. Eine Vorgehensweise, die sich dem Vorwurf der Beliebigkeit weniger aussetzt, ist die Prüfung unterschiedlicher Werte daraufhin, ob ihre Differenzen unter dem Aspekt statistischer Modellannahmen als zufällig oder nicht bezeichnet werden müssen.

Diese Prüfung der Unterschiede der Werte der Siedlungen auf statistische Signifikanz kann mit den bisher besprochenen Ergebnissen in zwei Richtungen durchgeführt werden: zum einen kann die Dauer der Aktivitäten zwischen den Siedlungen verglichen werden, zum anderen der Anteil der Aktiven an der jeweiligen Befragtengruppe einer Siedlung mit den entsprechenden Anteilen in den anderen Siedlungen. Ein derartiger Vergleich zeigt, ob die unterschiedlichen Ergebnisse noch als zufällige Abweichungen voneinander interpretiert werden können oder als signifikant unterschiedlich angesehen werden müssen.

Die durchgeführten Signifikanzprüfungen lassen erkennen, daß sich die Dauer der einzelnen Aktivitätskategorien am Werktag wie am Sonntag nicht mit der in den Sozialwissenschaften üblichen Sicherheit von 95 % (d.h. das Risiko einer fehlerhaften Aussage beträgt nur noch 5 %) unterscheiden, die Differenzen also noch als zufällig angesehen werden können.

Ähnliches läßt sich über den Anteil der aktiven Befragtengruppen sagen. Dort erreicht dieses Sicherheitsniveau nur die Aktivitätskategorie "Reisen, Besuche" am Sonntag, in der die Bewohner Hexenbergs signifikant weniger die Tätigkeiten dieser Kategorie ausüben als alle anderen befragten Personen.

Als Ergänzung zur Messung der Zeitbudgets wurde, wie bereits beschrieben, auch nach der monatlichen Häufigkeit spezieller Freizeitaktivitäten gefragt (s. Anhang B, Frage 17).

Vor einer genaueren Betrachtung der Ergebnisse sollte kurz ein Meßproblem geschildert werden, das bei der verwendeten Frageform auftrat: Der Befragte transformiert seine Vorstellung, wie häufig er eine Aktivität ausübt, in einen Wert für ein bestimmtes, ihm markant erscheinendes Zeitintervall (z.B. pro Woche, alle 14 Tage, pro Monat). Möglicherweise werden dabei zusätzlich unterschiedliche Aktivitäten je nach ihrer Häufigkeit auf verschiedene Zeitintervalle bezogen (z.B. Besuch bei Verwandten: einmal pro Woche; aber Kinobesuch: statt o,25 mal pro Woche - einmal im Monat). Bei der Aktivitätenmessung tritt nun die Schwierigkeit auf, diese individuellen Intervalle in das durch die Frage vorgegebene Zeitmaß zu übertragen. Dadurch wurden tendenziell Werte wie 1,2,4 und deren Vielfache als Häufigkeiten pro Monat bevorzugt. Dieser Meßfehler kann dazu führen, daß tatsächliche Verhaltensweisen bzw. -unterschiede nicht erkannt werden können.

Eine Beurteilung der Ergebnisse der Befragung (Tab. 11) kann sich, ähnlich wie bei den Zeitbudgets, auf die beiden Aspekte der Häufigkeit der Aktivitätsausübung und der Anzahl der aktiven Befragten erstrecken.
Die häufigsten Außerhausaktivitäten sind die Besuche bei Verwandten sowie bei Freunden oder Bekannten, dies sowohl im Hinblick auf die Aktivitätshäufigkeit (jeweils ca. einmal pro Woche) als auch auf die Anzahl der ak-

tiven Personen (65 - 75 % der Stichproben), die diese Tätigkeit ausüben.

Eine weitere Gruppe Aktivitäten bilden die Besuche von Gaststätten und Sportveranstaltungen (als Teilnehmer oder als Zuschauer). Die Aktiven umfassen hier etwa 3o - 5o % der befragten Gruppen mit einer hohen Aktivitätsfrequenz von mehr als einmal pro Woche.
Alle anderen Aktivitäten werden von weniger als 25 % der befragten Personen mindestens einmal im Monat ausgeübt. Die Häufigkeit dieser Tätigkeiten kann zwar mehr als sechsmal pro Monat betragen ("Volkshochschule, Fortbildung"), jedoch ist die Anzahl der aktiven Personen teilweise so niedrig (weniger als 15 Personen pro Stichprobe), daß keine gesicherten Aussagen gemacht werden können. Dies betrifft vor allem die beiden Tätigkeitskategorien "Volkshochschule, Fortbildung" sowie "Politische Veranstaltungen".

Die Ergebnisse der restlichen Tätigkeiten sind, auch zwischen den Siedlungen,recht unterschiedlich und nur schwierig zu interpretieren. Deshalb sei hier als Abschluß dieses Abschnitts das Ergebnis der bereits oben geschilderten Signifikanztests wiedergegeben: Die Häufigkeit der Aktivitätsausübungen und die Anzahl der aktiven Befragten unterscheidet sich zwischen den drei Stichproben innerhalb der jeweiligen Aktivitätskategorien bis auf eine Ausnahme nicht signifikant (Alpha = .o5). Diese Ausnahme ist die Zahl der Kinobesucher. Sie ist in Hexenberg signifikant höher als in Wildschwanbrook, allerdings sind die beiden anderen Differenzen (Hexenberg - Berner Park und Berner Park - Wildschwanbrook) ebenfalls nicht signifikant.

4.1.3 Heterogenität der Aktivitäten

In unseren Überlegungen zur Entwicklung des hier vorgestellten theoretischen Konzepts sind wir ja davon ausgegangen, daß sich der vorhergesagte Einfluß nicht nur in der Art und Dauer der Aktivitäten, die eine Person ausübt, bemerkbar machen würde, sondern daß sich auch die Vielfalt der Aktivitäten mehrerer Personen unterscheidet.
Dabei kann die Vielfalt des Aktivitätsbudgets einer Person, d.h. die Menge aller von dieser Person innerhalb eines bestimmten Zeitraums ausgeübten Aktivitäten, in zwei Richtungen quantifiziert werden:
1. die Anzahl aller unterschiedlichen Aktivitäten
2. die Häufigkeit jeder einzelnen Aktivitätsart verglichen mit allen anderen (Häufigkeit der Nennungen oder Dauer der Aktivität).

Tabelle 11: Häufigkeit ausgewählter Aktivitäten pro Monat

	Hexenberg					Berner Park						Wildschwanbrook					
	Mittel-wert	Median	Modal-wert	Stand.-abw.	% = n	Mittel-wert	Median	Modal-wert	Stand.-abw.	%	n	Mittel-wert	Median	Modal-wert	Stand.-abw.	%	n
Gaststätten																	
alle Befragten	2,7	0,4	0,0	5,2	100	1,8	0,3	0,0	4,2	100,0	200	2,6	0,4	0,0	6,8	99,5	211
nur Aktive	5,6	3,0	1,0	6,5	47	4,5	2,4	1,0	5,8	39,5	79	6,0	2,7	1,0	9,3	42,5	90
Tanzveranstaltungen																	
alle Befragten	0,5	0,1	0,0	1,3	100	0,3	0,1	0,0	1,0	100,0	200	0,6	0,1	0,0	2,6	100,0	212
nur Aktive	2,9	2,8	1,0	1,9	17	2,6	2,3	1,0	1,6	12,5	25	3,9	1,6	1,0	6,1	14,2	30
Büchereien																	
alle Befragten	0,2	0,1	0,0	1,1	100	0,2	0,1	0,0	0,6	100,0	200	0,1	0,0	0,0	0,6	100,0	212
nur Aktive	2,4	1,3	1,0	2,8	10	1,7	1,5	1,0	0,9	11,0	22	1,9	1,3	1,0	1,4	7,5	16
Polit. u. gewerk. Veranstaltungen																	
alle Befragten	0,0	0,0	0,0	0,1	100	0,3	0,0	0,0	1,3	100,0	200	0,2	0,0	0,0	1,1	100,0	212
nur Aktive	1,0	1,0	1,0	0,0	2	2,8	1,4	1,0	3,7	9,0	18	2,6	1,3	1,0	3,8	6,1	13
Kino																	
alle Befragten	0,8	0,2	0,0	2,4	100	0,3	0,1	0,0	0,9	100,0	200	0,3	0,1	0,0	0,8	100,0	212
nur Aktive	3,3	2,3	1,0	3,9	24	2,0	1,4	1,0	1,5	16,0	32	2,0	1,8	1,0	1,0	14,2	30
Theater, Konzert																	
alle Befragten	0,1	0,1	0,0	0,4	100	0,3	0,1	0,0	1,1	100,0	200	0,2	0,1	0,0	0,6	100,0	212
nur Aktive	1,1	1,1	1,0	0,3	10	1,7	1,1	1,0	2,0	20,0	40	1,3	1,1	1,0	0,9	17,0	36
Sportveranstaltungen																	
alle Befragten	1,9	0,3	0,0	3,9	100	1,8	0,3	0,0	3,7	100,0	200	1,9	0,3	0,0	3,6	100,0	212
nur Aktive	5,0	3,8	4,0	5,0	38	5,2	4,1	4,0	4,7	34,5	69	4,8	3,9	4,0	4,3	40,1	85
Volkshochschule Fortbildung																	
alle Befragten	0,3	0,0	0,0	1,7	100	0,3	0,0	0,0	1,5	100,0	200	0,4	0,0	0,0	1,8	100,0	212
nur Aktive	6,3	4,0	4,0	6,7	4	6,4	7,3	8,0	4,1	4,0	8	4,6	3,9	4,0	4,1	9,0	19
Besuch b. Verwandten																	
alle Befragten	2,9	1,6	1,0	4,6	100	3,1	2,0	0,0	3,9	100,0	200	2,8	1,8	0,0	3,3	100,0	212
nur Aktive	3,8	2,1	1,0	4,9	77	4,1	2,7	2,0	4,1	75,0	150	3,8	2,5	2,0	3,4	73,1	155
Besuch bei Freunden und Bekannten																	
alle Befragten	2,8	1,4	0,0	4,3	100	2,9	1,4	0,0	4,8	100,0	200	3,9	1,8	0,0	7,1	100,0	212
nur Aktive	4,4	2,6	1,0	4,6	65	4,3	2,4	1,0	5,3	67,5	135	5,6	2,9	2,0	7,9	68,9	146

Schwierig ist es, beide Maße miteinander vergleichbar zu machen, oder sie
sogar zu einer Maßzahl zu vereinigen. Dies mag ein Beispiel intuitiv verdeutlichen: Die Person A übt innerhalb von 24 Std. lo verschiedene Aktivitäten aus, wobei allerdings eine bestimmte Aktivität 9o % der gesamten
Zeit in Anspruch nimmt; die Person B hingegen übt im gleichen Zeitraum nur
drei verschiedene Aktivitäten aus, alle aber gleichlang. Welches Aktivitätsbudget ist nun heterogener?

Komplizierter wird dieses Problem in unserer Studie noch dadurch, daß die
befragten Personen hinsichtlich der Gesamtdauer aller Aktivitäten nicht
vergleichbar sind, da z.B. die Gesamtdauer aller Aktivitäten außerhalb der
Wohnung ermittelt wurde, die von Person zu Person verschieden ist.
Im Rahmen ökologischer Untersuchungen bestand dieses Problem schon länger
in der Fragestellung, wie die Vielfalt von Arten (Tier oder Pflanze) auf
einer bestimmten Fläche (z.B. ein Stück Wiese) in einer Maßzahl darstellbar ist. PEET (1974; vgl. auch FRIEDRICHS 1977, S. 335 ff) hat die hierfür gebräuchlichsten Koeffizienten nach ihrer Meßdimension in drei Gruppen unterteilt:
1. Messung des Artenreichtums
2. Messung der Gleichverteilung zwischen den Arten
3. Messung der Heterogenität, d.h. Artenreichtum und Gleichverteilung.

Aus dieser letzten Gruppe haben wir uns, ungeachtet spezieller statistischer Diskussionen zu einzelnen Maßzahlen (vgl. PEET 1974), wohl vor
allem aus Gründen des Rechenaufwandes, für folgendes Maß zur Berechnung
der Heterogenität der Aktivitätsbudgets entschieden:

$$D = 1 - \frac{\sum\limits_{i=1}^{k} n_i (n_i - 1)}{N (N - 1)}$$

N ist dabei die gesamte Dauer der Aktivitäten pro Person (bzw. die Häufigkeit aller Aktivitäten), n_i die Dauer bzw. Häufigkeit einer Aktivitätsart. Es gilt dabei folgende Beziehung: $\sum\limits_{i=1}^{k} n_i = N$. Der Wertbe-

reich des Indexes liegt zwischen o und 1, dabei bezeichnet 1 die größt-
mögliche Heterogenität. In unserer Studie lassen sich nun drei verschiedene Aktivitätsbudgets für jeden Befragten bilden, deren Heterogenität
berechnet werden kann. Zum einen sind dies der Werktag und der Sonntag
aus der Zeitbudgeterhebung, zum anderen die Ergebnisse auf die Frage
nach bestimmten Aktivitäten im Laufe eines Monats. Im ersten Fall dienen
also der Artenreichtum und die Dauer der Aktivitäten zur Berechnung des
Indizes, im zweiten Artenreichtum und Häufigkeit der Aktivitätsausübung
pro Monat.

In Tab. 12 sind alle drei Heterogenitätsindizes für die gesamte Stichprobe und nach Siedlung getrennt dargestellt. Die erste Fragestellung,
die uns bei der Analyse dieser Ergebnisse aus methodischen Gründen interessieren sollte, ist die Vergleichbarkeit der drei Gruppen von Heterog-
nitätsindizes untereinander. Es fällt sofort auf, daß die Mittelwerte für
die monatlichen Aktivitäten höher sind als für jene, die aus der Zeitbud-
getanalyse der beiden Wochentage stammen. Außerdem sind die Mittelwerte
für die monatlichen Aktivitäten in allen drei Siedlungen gleich. Eine Begründung für diese Ergebnisse scheint in folgenden Einflüssen zu suchen
zu sein: Zum einen ist eine numerische Vergleichbarkeit der Rohdaten insofern nicht gegeben, als für die monatlichen Aktivitäten Häufigkeiten
ermittelt wurden, im Zeitbudget jedoch Zeitdauern, die in Viertelstunden
codiert wurden. Zahlenmäßig erhielten dadurch die Aktivitäten im Zeitbudget wesentlich höhere Werte, die Differenz zwischen einer nicht ausgeübten Aktivität und einer ausgeübten ist somit ebenfalls höher. Auf diesen
Unterschied reagiert die verwendete Maßzahl jedoch in der Form, daß die
größeren Unterschiede zwischen den Aktivitätsarten zu einem niedrigeren
Indexwert führen, obwohl vielleicht dieselben Aktivitätsarten besetzt
sind. Die zweite Gruppe der Einflüsse kann vielleicht unter dem Begriff
"methodisches Artefakt" zusammengefaßt werden. Zum einen ist der Zeitraum, auf den sich beide Frageformen bezogen, nicht vergleichbar - es
können innerhalb eines Monats mehr unterschiedliche Aktivitäten unternommen werden als innerhalb von 24 Std. Zum anderen besteht bei dem Befragten möglicherweise die Neigung, eine Tätigkeit, die seltener als einmal im Monat ausgeübt wird, auf die Häufigkeit 1 "aufzurunden", abgesehen
von einem Effekt der Fremderwartung, daß "man" als Angehöriger bestimmter
Bevölkerungsgruppen bestimmte Tätigkeiten (Kino, Kneipe oder Theater)
eben einfach besuchen "muß".

Tabelle 12: <u>Heterogenität der Außerhausaktivitäten auf der</u>
<u>Basis der individuellen Aktivitätenbudgets</u>

	Heterogenität der durchschn. pro Monat ausgeübten Aktiv.			Heterogenität der im Zeitbudget Werktg. ausgeübt. Aktiv.			Heterogenität der im Zeitbudget Sonntg. ausgeübt. Aktiv.		
alle Siedlungen zusammen	.52	.61	.3o	.28	.25	.26	.16	.oo	.26
Hexenberg	.52	.63	.31	.31	.28	.27	.19	.oo	.28
Berner Park	.52	.61	.3o	.3o	.29	.27	.16	.oo	.26
Wildschwanbrook	.52	.6o	.3o	.25	.2o	.25	.15	.oo	.24
	Mittelwert	Median	Standardabweichung	Mittelwert	Median	Standardabweichung	Mittelwert	Median	Standardabweichung

Unter Berücksichtigung dieser Einflüsse lassen sich für alle drei Index-
gruppen folgende Ergebnisse festhalten: Die Heterogenität der von den Befragten im Laufe eines Monats ausgeübten Aktivitäten unterscheidet sich
zwischen den Siedlungen nicht. Dies erscheint jedoch eher als methodisches
Artefakt denn durch eine Nichtexistenz siedlungsspezifischer Unterschiede
bezüglich Lage und Ausstattung erklärbar zu sein. Für die beiden Aktivitätsbudgets Werktags und Sonntags läßt sich eine Abnahme der Heterogenität mit steigender Entfernung der Siedlung vom Stadtzentrum beobachten.
Allerdings unterscheiden sich in beiden Gruppen die Siedlungen nicht signifikant (Alpha = .o5) bezüglich Varianz und Mittelwert voneinander. Das Ergebnis, daß die Aktivitäten am Sonntag weniger heterogen sind als am Werktag, könnte seine triviale Erklärung schon darin finden, daß bestimmte Aktivitäten (Arbeiten, Einkaufen etc.) von den meisten Befragten nur werktags
ausgeübt werden (können) und, schon weniger trivial, kein kompensatorischer
Effekt, beispielsweise differenzierte Freizeitaktivitäten, eintritt - wie
bereits aus der Deskription ersichtlich wurde.
Bisher diente uns das Aktivitätsbudget jedes einzelnen Befragten als Grundlage zur Berechnung der Heterogenität. Nun kann man nicht nur die Heterogenität der Aktivitäten einer Person ermitteln, sondern auch die einer Gruppe
von Personen. Es handelt sich dabei wohlbemerkt nicht um ein arithmetisches
Mittel aller Heterogenitätswerte, sondern der gesamten Gruppe (d.h. allen
Aktivitäten der Gruppenmitglieder) wird <u>ein</u> Heterogenitätswert zugeschrie-
ben. Die Ergebnisse dieser Berechnungsweise sind in Tab. 13 zusammengefaßt:

Tabelle 13: <u>Heterogenität der Außerhausaktivitäten auf der</u>
<u>Basis der kollektiven Aktivitätsbudgets</u>

	Heterogenität der durchschn. pro Monat aus- geübt. Aktivit.	Heterogenität der im Zeitbud- get Werktag ausgeübt. Akt.	Heterogenität der im Zeitbud- get Sonntag ausgeübt. Akt.
alle Siedlungen zusammen	.81	.52	.67
Hexenberg	.81	.49	.83
Berner Park	.8o	.52	.7o
Wildschwanbrook	.8o	.52	.67

Da hier für jede Gruppe, wie bereits beschrieben, nur eine Maßzahl vorkom-
men kann, lassen sich die Werte nur absolut miteinander vergleichen.
Es fällt sofort auf, daß die Koeffizienten höher sind als in Tab. 12. Der
Grund hierfür ist wohl darin zu suchen, daß jetzt mehr unterschiedliche
Außerhausaktivitäten zusammengefaßt werden, da eine Vielzahl von Personen
das Aktivitätsbudget zusammen bilden - womit eben auch für jede Aktivität
die Wahrscheinlichkeit zunimmt, daß sie zumindest von einigen ausgeführt
wird.
Für die Gruppe der auf die monatlichen Tätigkeiten bezogenen Heterogenitätsindizes lassen sich im Prinzip wohl nur die Argumente über die analo-
gen Indizes aus Tab. 12 zur Erklärung der beobachteten starken Ähnlichkeit
wiederholen. Interessanter jedoch ist die Analyse der beiden Wochentage.
Im Gegensatz zu Tab. 12, in der die Aktivitäten am Sonntag eine geringere
Heterogenität aufwiesen als am Werktag, ist das Verhältnis in Tab. 13
gerade umgekehrt. Wir schließen daraus, daß zwar jeder Befragte am Sonntag weniger Verschiedenes tat als am Werktag, daß aber jeder, verglichen
mit einem anderen Befragten, etwas Unterschiedliches machte, die Variationsbreite der Aktiviäten am Sonntag also größer als am Werktag war.
Auffällig für die Werte am Sonntag ist außerdem noch der im Vergleich zu
den beiden anderen Siedlungen sehr hohe Wert für Hexenberg. Zusammen mit
dem Ergebnis, daß auch die individuellen Heterogenitätswerte in Hexenberg
am höchsten waren (allerdings ohne statistische Signifikanz), scheint dies
doch für einen Effekt einer siedlungsspezifischen Nutzungsausstattung und/
oder der Lage der Siedlung im Stadtgebiet zu sprechen.

4.2 Die Struktur von Aktionsräumen

4.2.1 Aktionsräume

Wie bereits oben beschrieben wurde (Abschn. 3.2.2), verwendeten wir den Aktivitätsort in unserem Hypothesenkatalog nur in der dichotomen Einteilung "lokal" und "überlokal". Die sich daraus ergebende Aufteilung der Zeitbudgets ist in Abb. 19 dargestellt.

Als Grundlage dieser Vorgehensweise diente die Transformation der Aktivitätsorte in Entfernungszonen um die Wohnstandorte herum: Zone 1 = Siedlungsgebiet und fußläufiges Umfeld, d.h. ca. 5oo m über die Siedlungsgrenze hinaus (dieses Gebiet wird im folgenden auch als "lokal" bezeichnet; alles andere ist dementsprechend "überlokal"), Zone 2 = das Gebiet zwischen Zone 1 und einer maximalen Entfernung von 5,5 km, Zone 3 = das Gebiet zwischen Zone 2 und einer maximalen Entfernung von 11,o km, Zone 4 = das Gebiet zwischen Zone 3 und einer maximalen Entfernung von 16,5 km, Zone 5 = das Gebiet mit einer Entfernung von mehr als 16,5 km.

Werden die gemessenen Zeitbudgets entsprechend den raumzeitlichen Kategorien der Abb. 19 unterteilt, so erhält man die Werte in den beiden Tab. 14 und 15. Ein Teil dieser Ergebnisse ist bereits weiter oben besprochen worden (vgl. Abschn. 4.1.2), hier soll uns vor allem die Unterteilung der außerhäuslichen Aktivitäten in "lokal" und "überlokal" in einem Vergleich der drei Siedlungen interessieren.

Am Werktag ist die durchschnittliche Dauer der lokal ausgeübten Außerhausaktivitäten (Tab. 14) in Hexenberg mit 1,5 Std. etwa doppelt so groß wie in den beiden anderen Siedlungen. Demgegenüber beträgt der Wert für die überlokalen Aktivitäten in dieser Siedlung eine Stunde weniger (7,5 Std.) als in Berner Park und Wildschwanbrook.

Die Unterschiede zwischen den Siedlungen erreichen aber nur bei der Dauer der lokalen Außerhausaktivitäten das vorgegebene statistische Sicherheitsniveau (Alpha = 5 %): Die Bewohner Hexenbergs halten sich also in einem bedeutsamen Maß länger in ihrer Wohnumgebung auf, als dies die restlichen befragten Personen tun. Die Vermutung liegt nahe, daß dieses Ergebnis durch die besondere Qualität der lokalen Ausstattung mit Gelegenheiten verursacht wurde. Eine Erhärtung dieser Annahme ergibt sich zusätzlich durch die Ergebnisse der Aktivitätsorte für die einzelnen Tätigkeitskategorien (Tab. 17 - 19), die weiter unten besprochen werden sollen.

Am Sonntag hingegen beträgt die durchschnittliche Dauer aller lokalen Außerhausaktivitäten (Tab. 15) in den drei Siedlungen gleichmäßig etwa

Abbildung 19: <u>Kategorien zur raumzeitlichen Analyse des Tages</u>

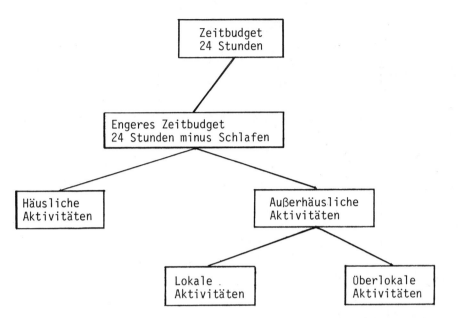

Tabelle 14: Aufteilung der Zeitbudgets am Werktag nach
raumzeitlichen Kategorien

(Die Angaben beziehen sich auf Mittelwerte für alle Befragten)

	Hexenberg		Berner Park		Wildschwanbrook	
	%	Std.	%	Std.	%	Std.
Zeitbudget	loo	24,0	loo	24,0	loo	24,0
davon:						
Schlafen	31,3	7,5	31,7	7,6	31,3	7,5
Akt. innerhalb d. Wohnung	31,3	7,5	29,6	7,1	3o,8	7,4
Akt. außerhalb d. Wohnung	37,5	9,0	38,8	9,3	37,9	9,1
davon:						
lokal	6,3	1,5	3,3	o,8	2,9	o,7
überlokal	31,3	7,5	35,4	8,5	35,0	8,4

Tabelle 15: Aufteilung der Zeitbudgets am Sonntag nach
raumzeitlichen Kategorien

(Die Angaben beziehen sich auf Mittelwerte für alle Befragten)

	Hexenberg		Berner Park		Wildschwanbrook	
	%	Std.	%	Std.	%	Std.
Zeitbudget	loo	24,0	loo	24,0	loo	24,0
davon:						
Schlafen	41,7	lo,0	37,9	9,1	38,8	9,3
Akt. innerhalb d. Wohnung	42,1	lo,1	36,7	8,8	38,8	9,3
Akt. außerhalb d. Wohnung	16,3	3,9	25,4	6,1	22,9	5,4
davon:						
lokal	2,5	o,6	2,5	o,6	1,7	o,4
überlokal	13,8	3,3	22,9	5,5	2o,8	5,0

Abbildung 2o: <u>Proportionale Darstellung raumzeitlicher</u>
<u>Kategorien (Mittelwerte f. Aktive)</u>

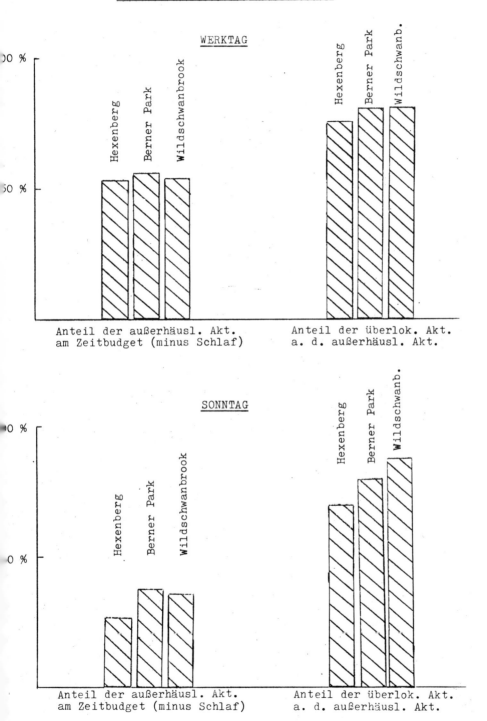

1/2 Std. Hier ist der Wert der überlokalen Tätigkeiten für Hexenberg mit
3,3 Std. ungefähr 1 1/2 bis 2 Std. niedriger als in den beiden anderen
Siedlungen.
Hierfür bieten sich zwei Erklärungen an:
1. Eine scheinen uns wiederum (vgl. Abschn. 4.1.2) die klimatischen Bedingungen zum Befragungszeitpunkt zu liefern, da der signifikante Unterschied in der Dauer aller Außerhausaktivitäten zwischen Hexenberg einerseits und Berner Park und Wildschwanbrook andererseits sich ebenfalls in
der unterschiedlichen Dauer aller überlokalen Tätigkeiten wiederspiegelt.
Auch hier unterscheiden sich die Befragten aus Hexenberg signifikant von
den restlichen Personen. Demgegenüber sind die Unterschiede in Bezug auf
die Dauer der lokalen Aktivitäten nicht signifikant, was die geringen
numerischen Unterschiede auch sofort vermuten ließen.

2. Die Entfernung zu Freizeitgelegenheiten "im Grünen", also vorwiegend
im Umland von Hamburg, ist für die Bewohner der citynahen Siedlung Hexenberg größer. Ein geringerer Teil der Bewohner ist bereit, die längeren
Entfernungen zu überwinden.

In der Zusammenfassung zeigt die Aufteilung der Zeitbudgets nach raumzeitlichen Kategorien für die beiden Wochentage also folgende markante
Merkmale: Trotz relativ gleichgroßem Budget für die außerhäuslichen Aktivitäten am Werktag in allen drei Siedlungen wird in Hexenberg deutlich
mehr Zeit für lokale Tätigkeiten aufgewendet - dies wohl als Reaktion
auf die bessere Ausstattung der Siedlung und ihrer nahen Umgebung mit
Gelegenheiten. Am Sonntag ist das Budget der außerhäuslichen Aktivitäten in Hexenberg ebenso am niedrigsten wie die durchschnittliche Dauer
der überlokalen Tätigkeiten. Für beides scheinen die Einflüsse der Wit-
terungsbedingungen zum Erhebungszeitpunkt sowie die Entfernung der Siedlung von den Freizeitgelegenheiten im Hamburger Umland bestimmend zu sein.

Bei der Darstellung der Tab. 14 und 15 sind bisher nur die absoluten
Werte miteinander verglichen worden. Es besteht nun aber auch die Möglichkeit, daß sich zwei Personen nicht nur in der absoluten Dauer bestimmter Tätigkeiten voneinander unterscheiden, sondern daß auch ihre
Aufteilung bestimmter Zeitanteile des Tages völlig unterschiedlich ist.
Die Darstellung in Abb. 19 zeigt hierzu vor allem zwei mögliche Aufteilungen: einerseits die Unterteilung des "engeren" Zeitbudgets in häusliche und außerhäusliche Aktivitäten, andererseits die der außerhäuslichen Aktivitäten in "lokal" und "überlokal".

Wir haben nun für jeden Befragten seine individuellen Aufteilungen berechnet und Mittelwerte für die Siedlungsstichproben gebildet. Die Ergebnisse sind in Abb. 2o dargestellt. (Da sich die beiden Kategorien
jeweils einer Unterteilung zu loo % ergänzen, wurde auf die Darstellung
der komplementären Größen verzichtet.)

Am Werktag verhalten sich die befragten Personen in der individuellen
Aufteilung ihrer Zeit in häusliche und außerhäusliche Tätigkeiten relativ gleichförmig. Bei der weiteren Teilung der außerhalb der Wohnung
stattfindenden Aktivitäten unterscheiden sich die Bewohner Hexenbergs
signifikant nur von denen Wildschwanbrooks (Anteil der überlokalen Aktivitäten im Mittel: 76,3 % zu 81,3 %).

Für den Sonntag ergibt sich einerseits das nun schon bekannte Ergebnis,
daß die Bewohner Hexenb ergs weniger Zeit ihres "engeren" Zeitbudgets
für außerhäusliche Tätigkeiten aufwenden, dementsprechend der Anteil der
Außerhausaktivitäten signifikant geringer ist. Relativ überraschend hingegen ist die Tatsache, daß die Befragten aus Wildschwanbrook die meiste
Zeit für ihre Tätigkeiten außerhalb der Wohnung überlokal verbringen,
und sich damit signifikant von dem Verhalten der restlichen befragten
Personen unterscheiden (Anteil der üb erlokalen Aktivitäten im Mittel:
Hexenberg = 7o,9 %, Berner Park = 8o,9 %, Wildschwanbrook = 88,8 %). Die
bisher für unterschiedliche Werte am Sonntag herangezogene Begründung
durch die Wetterbedingungen zum Befragungszeitpunkt kann zur Erklärung
der Differenz zwischen Berner Park und Wildschwanbrook nicht mehr benutzt werden, da diese Interviews ja in derselben Woche stattfanden.
Die deutlich schlechtere Ausstattung Wildschwanbrooks mit Gelegenheiten
wirkt sich hier möglicherweise auch am Sonntag aus (z.B. durch ein ge-
ringeres Angebot an Gaststätten). Aber auch eine, von uns allerdings
nicht gemessene, Minderausstattung der Siedlung für Freizeitaktivitäten
könnte die abweichende Verhaltensweise dieser Personengruppe plausibel
machen.
Allerdings weisen die Schwierigkeiten bei der Erklärung dieses Ergebnis-
ses vor allem darauf hin, daß die Erläuterung von Daten nur im Rahmen
univariater Verteilungen stark auf Plausibilitätsüberlegungen beschränkt
und einer Differenzierung kaum zugänglich ist. Beispielhaft hierfür sind
die Daten in Tab. 16. Die Tabelle zeigt, in welchem Maße sich Mittelwerte unterscheiden, wenn die Befragten nach weiteren Merkmalen (hier: Erwerbstätigkeit, Geschlecht, Verfügbarkeit über einen PKW) gruppiert werden. Es besteht ein beträchtlich höherer Anteil der Außerhausaktivitäten

bei Männern, bei Personen, die über einen PKW verfügen und nach dem Ausmaß der Erwerbstätigkeit. Das Maß Eta gibt an, wieviel der Varianz der jeweiligen Außerhausaktivitäten durch jedes der drei Merkmale erklärt wird.
Hierbei sollte man jedoch beachten, daß die drei Merkmale selbst einen positiven Zusammenhang aufweisen.

Tabelle 16: Varianzanalytische Zerlegung ausgewählter
raumzeitlicher Kategorien (Mittelwerte)

	Mittelwert ges. Stichpr.	Eta	ganztags erwerbst.	halbtags erwerbst.	nicht erwerbst.
Anteil d. Außerhausaktiv. am "engeren" Zeitbudget werktags	55,3 %	.64	65,4 %	4o,9 %	26,4 %
Anteil d. überlokal. Aktiv. an d. Außerhausaktiv. werktags	8o,2 %	.5o	9o,6 %	72,1 %	45,4 %
Dauer d. Außerhausaktiv. werktags	9,2 Std.	.63	1o,9 Std.	6,8 Std.	4,3 Std.
Dauer d. überlokalen Aktivitäten werktags	8,2 Std.	.62	1o,1 Std.	5,5 Std.	2,9 Std.

	Mittelwert ges. Stichpr.	Eta	Frauen	Männer
Anteil d. Außerhausaktiv. am "engeren" Zeitbudget werktags	55,3 %	.4o	44,4 %	64,o %
Anteil d. überlokal. Aktiv. an d. Außerhausaktiv. werktags	8o,2 %	.32	67,9 %	9o,3 %
Dauer d. Außerhausaktiv. werktags	9,2 Std.	.39	7,3 Std.	1o,7 Std.
Dauer d. überlokalen Aktivitäten werktags	8,2 Std.	.44	6,o Std.	1o,o Std.

	Mittelwert ges. Stichpr.	Eta	PKW verfügbar	PKW nicht verfügbar
Anteil d. Außerhausaktiv. am "engeren" Zeitbudget werktags	55,3 %	.36	62,3 %	44,2 %
Anteil d. überlokal. Aktiv. an d. Außerhausaktiv. werktags	8o,2 %	.25	87,1 %	69,6 %
Dauer d. Außerhausaktiv. werktags	9,2 Std.	.35	1o,3 Std.	7,3 Std.
Dauer d. überlokalen Aktivitäten werktags	8,2 Std.	.34	9,5 Std.	6,2 Std.

Tabelle 15: Häufigkeit der Aktivitäten, nach Entfernungszonen

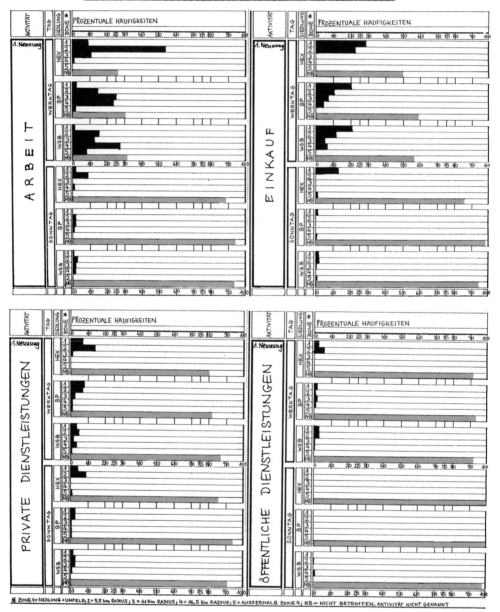

※ ZONE 1 = SIEDLUNG + UMFELD; 2 = 5,5 km RADIUS; 3 = 11 km RADIUS; 4 = 16,5 km RADIUS; 5 = AUSSERHALB ZONE 4; NB = NICHT BETROFFEN, AKTIVITÄT NICHT GENANNT

Tabelle 15, Forts.

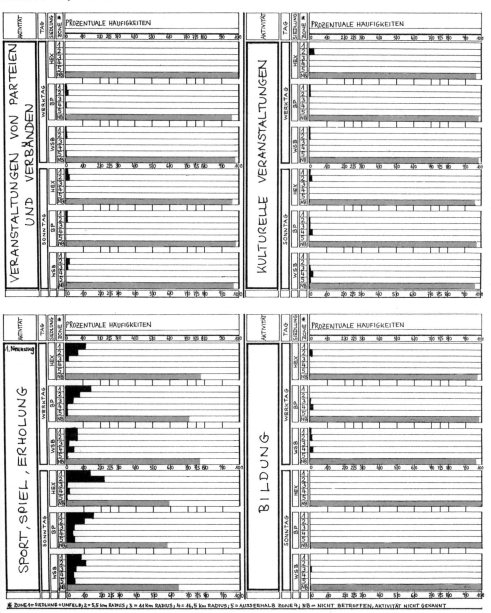

* ZONE 1= SIEDLUNG + UMFELD; 2 = 5,5 km RADIUS; 3 = 11 Km RADIUS; 4 = 16,5 km RADIUS; 5 = AUSSERHALB ZONE 4; NB = NICHT BETROFFEN, AKTIVITÄT NICHT GENANNT

Tabelle 15, Forts.

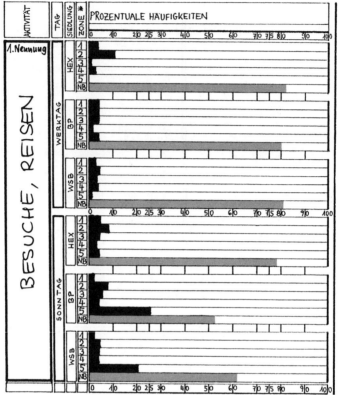

※ ZONE 1 = SIEDLUNG + UMFELD; 2 = 5,5 km RADIUS; 3 = 11 km RADIUS; 4 = 16,5 km RADIUS;
5 = AUSSERHALB ZONE 4; NB = NICHT BETROFFEN, AKTIVITÄT NICHT GENANNT

Zonen. Um die Ausdehnung der Aktionsräume der Befragten zu untersuchen, sind die Aktivitätsorte nach Entfernungszonen klassifiziert worden. Die Tab. 17 - 19 geben nun detaillierter die Verteilung der neun Aktivitätskategorien auf die fünf Entfernungszonen wieder. Da wir auf eine Kartierung der Aktionsräume aufgrund des hohen Aufwandes verzichten mußten, sind so zumindest grobe Aussagen über die Benutzung des städtischen Gebietes möglich.

Bei den statistisch interpretierbaren Ergebnissen (d.h. mindestens 15 aktive Personen pro Siedlung) gibt es eine überragende Gemeinsamkeit: Die Befragten aus Hexenberg üben ihre Aktivitäten immer in der geringsten Entfernung vom Wohnstandort aus. Darüber hinaus ergeben sich aber noch weitere, wichtige Unterschiede zwischen den Siedlungen. Der Anteil der lokalen Aktivitätsausübung ist für die Kategorien "Arbeiten" und "Einkaufen" am Werktag in Hexenberg am höchsten. Tab. 2o zeigt, daß in beiden Fällen signifikante Unterschiede zu den anderen Siedlungen bestehen. Für die Aktivitätskategorie "Einkaufen" dürfte dieser Unterschied durch die bessere Ausstattung der Siedlung Hexenberg mit Gelegenheiten zu erklären sein. Für die Aktivitätskategorie "Arbeiten" hingegen bietet sich eine andere Erklärung an. Der Indikator hierfür ist der einzige signifikante Unterschied zwischen Berner Park und Wildschwanbrook bei der Kategorie "Arbeiten". Unter der Annahme, daß Arbeitsplätze zu einem großen Teil in der Stadt zentralisiert sind, könnten die Entfernungsunterschiede bei dieser Kategorie Ausdruck der unterschiedlich zentralen Lage der Siedlungen sein.

In zwei weiteren Aktivitätskategorien am Werktag, "Private Dienstleistungen" und "Sport, Erholung", unterscheiden sich nur noch Hexenberg und Wildschwanbrook signifikant, - die Bewohner von Hexenberg üben diese Aktivitäten näher zur Siedlung aus. Für die Kategorie "Reisen, Besuche" erreichen die Unterschiede zwischen den Siedlungen das statistische Sicherheitsniveau in keinem Fall.

Auffällig ist allerdings, daß die Streuungen mit steigender Distanz der Siedlungen von der Stadtmitte auch größer werden. Dies dürfte dafür sprechen, daß mit zunehmender Entfernung des Wohnstandortes von der Stadtmitte die Differenzierung im Verhalten der Bewohner, nämlich Entfernungen zu überwinden, auch stärker von Merkmalen der Person bzw. des Haushaltes abhängig wird.

Tabelle 18: Entfernung der Aktivitäten am Werktag vom Wohnstandort (in Entfernungszonen)

		Hexenberg						Berner Park						Wildschwanbrook					
		Mittel-wert	Median	Modal-wert	Stand.-abw.	%	n	Mittel-wert	Median	Modal-wert	Stand.-abw.	%	n	Mittel-wert	Median	Modal-wert	Stand.-abw.	%	n
Arbeiten (1. Nennung)	alle Befragte	1,5	1,8	2,0	1,0	100	73	2,2	2,6	0,0	1,6	98,0	196	2,3	2,6	0,0	1,8	97,6	207
	nur Aktive	2,1	2,0	2,0	0,6			3,1	3,2	3,0	0,9	68,5	137	3,4	3,6	4,0	1,1	67,0	142
Einkaufen	alle Befragte	0,7	0,5	0,0	0,8	100	50	0,7	0,3	0,0	1,1	100,0	200	0,8	0,4	0,0	1,2	99,5	211
	nur Aktive	1,4	1,4	1,0	0,5			1,8	1,5	1,0	1,0	40,0	80	1,9	1,6	1,0	1,1	42,0	89
Private Dienstleistungen	alle Befragte	0,4	0,1	0,0	0,7	100	20	0,4	0,1	0,0	1,0	100,0	200	0,4	0,1	0,0	3,6	100,0	212
	nur Aktive	1,8	1,8	2,0	0,6			2,1	1,8	1,0	1,2	19,0	38	2,6	2,3	2,0	1,2	15,1	32
Sport, Erholung	alle Befragte	0,3	0,1	0,0	0,7	100	21	0,5	0,2	0,0	1,0	100,0	200	0,5	0,1	0,0	1,1	100,0	212
	nur Aktive	1,5	1,4	1,0	0,7			1,9	1,6	1,0	1,0	29,0	58	2,3	2,0	1,0	1,3	22,6	48
Reisen, Besuche	alle Befragte	0,4	0,1	0,0	0,9	100	19	0,6	0,1	0,0	1,3	100,0	200	0,5	0,1	0,0	1,2	99,5	211
	nur Aktive	2,2	2,0	2,0	1,0			2,8	2,6	2,0	1,4	20,5	41	2,8	2,5	2,0	1,3	18,9	40
Öffentliche Dienstleistungen	alle Befragte	0,1	0,0	0,0	0,5	100	8	0,1	0,0	0,0	1,8	100,0	200	0,1	0,0	0,0	0,5	100,0	212
	nur Aktive	1,8	1,8	2,0	0,5			2,3	2,5	1,0	1,2	6,0	12	1,8	1,7	1,0	0,9	6,6	14
Politische Veranstaltungen	alle Befragte	0,0	0,0	0,0	0,0	100	0	0,1	0,0	0,0	0,5	100,0	200	0,0	0,0	0,0	0,4	100,0	212
	nur Aktive	0,0	0,0	0,0	0,0			2,0	1,9	2,0	1,0	3,5	7	2,5	2,0	2,0	1,7	1,9	4
Kult. Veranstaltg.	alle Befragte	0,1	0,0	0,0	0,3	100	3	0,0	0,0	0,0	0,2	100,0	200	0,0	0,0	0,0	0,2	100,0	212
	nur Aktive	2,0	2,0	2,0	0,0			1,5	1,5	1,0	0,7	1,0	2	1,5	1,5	1,0	0,7	0,9	2
Ausbildung, Weiterbildung	alle Befragte	0,0	0,0	0,0	0,3	100	2	0,1	0,0	0,0	0,5	100,0	200	0,1	0,1	0,0	0,6	100,0	212
	nur Aktive	2,0	2,0	2,0	0,0			3,8	3,8	4,0	0,5	2,0	4	3,0	3,6	4,0	1,3	3,3	7
Arbeiten (2. Nennung)	nur Aktive													3,1	3,3	4,0	1,2	8,5	18

Tabelle 19: Entfernung der Aktivitäten am Sonntag vom Wohnstandort (in Entfernungszonen)

	Hexenberg					Berner Park						Wildschwanbrook					
	Mittel-wert	Median	Modal-wert	Stand.-abw.	% = n	Mittel-wert	Median	Modal-wert	Stand.-abw.	%	n	Mittel-wert	Median	Modal-wert	Stand.-abw.	%	n
Sport, Erholung (1. Nennung) alle Befragten	0,7	0,3	0,0	1,1	100	1,0	0,4	0,0	1,5	100,0	200	1,0	0,3	0,0	1,6	100,0	212
nur Aktive	1,9	1,8	2,0	0,9	4o	2,4	1,9	1,0	1,5	42,0	84	2,7	2,4	2,0	1,4	37,8	80
Reisen, Besuche (1. Nennung) alle Befragten	0,6	0,1	0,0	1,3	100	1,9	0,5	0,0	2,2	100,0	200	1,5	0,3	0,0	2,1	99,5	211
nur Aktive	2,8	2,5	2,0	1,4	22	3,9	4,6	5,0	1,3	47,5	95	3,9	4,5	5,0	1,3	38,7	82
Arbeiten alle Befragten	0,2	0,1	0,0	0,7	100	0,1	0,0	0,0	0,6	100,0	200	0,2	0,0	0,0	0,7	99,1	210
nur Aktive	2,0	1,9	2,0	0,7	12	3,0	3,0	3,0	0,8	3,5	7	2,7	2,5	2,0	1,0	6,6	14
Einkaufen alle Befragten	0,2	0,1	0,0	0,6	100	0,0	0,0	0,0	0,4	100,0	200	0,1	0,0	0,0	0,4	100,0	212
nur Aktive	1,3	1,2	1,0	1,1	13	2,3	2,0	1,0	2,3	1,5	3	2,0	1,7	1,0	1,4	3,3	7
Private Dienstleistungen alle Befragten	0,3	0,1	0,0	0,8	100	0,1	0,0	0,0	0,6	100,0	200	0,2	0,0	0,0	0,7	100,0	212
nur Aktive	1,9	1,8	2,0	1,0	14	2,0	1,7	1,0	1,2	7,0	14	2,4	2,4	2,0	0,9	9,0	19
Öffentliche Dienstleistungen alle Befragten	0,0	0,0	0,0	0,2	100	0,0	0,0	0,0	0,0	100,0	200	0,0	0,0	0,0	0,3	100,0	212
nur Aktive	2,0	2,0	2,0		1	0,0	0,0	0,0	0,0	0,0	0	3,0	3,0	2,0	1,4	0,9	2
Politische Veranstaltungen alle Befragten	0,1	0,0	0,0	0,3	100	0,0	0,0	0,0	0,2	100,0	200	0,1	0,0	0,0	0,4	100,0	212
nur Aktive	1,7	1,8	2,0	0,6	3	1,5	1,5	1,0	0,7	1,0	2	2,3	2,3	2,0	0,5	2,8	6
Kult. Veranstaltg. alle Befragten	0,1	0,0	0,0	0,3	100	0,1	0,0	0,0	0,5	100,0	200	0,1	0,0	0,0	0,7	100,0	212
nur Aktive	1,7	1,8	2,0	0,6	3	3,4	3,7	4,0	0,9	2,5	5	4,0	4,0	4,0	0,6	2,8	6
Ausbildung, Weiterbildung alle Befragten	0,0	0,0	0,0	0,0	100	0,0	0,0	0,0	0,0	100,0	200	0,0	0,0	0,0	0,2	100,0	212
nur Aktive	0,0	0,0	0,0	0,0	0	0,0	0,0	0,0	0,0	0,0	0	3,0	3,0	3,0		0,5	1
Sport, Erholung (2. Nennung) nur Aktive						2,7	2,2	1,0	1,6	12,0	24	3,2	3,3	5,0	1,6	8,0	17
Reisen, Besuche (2. Nennung) nur Aktive																	

Am Sonntag ergeben sich für die beiden interpretierbaren Kategorien "Sport, Erholung" und "Reisen, Besuche" bedeutsame Unterschiede zwischen Hexenberg einerseits und Berner Park und Wildschwanbrook andererseits.

Zusammenfassend läßt sich feststellen, daß die Befragten aus Hexenberg ihre Tätigkeiten in bedeutendem Maß näher an ihrem Wohnstandort ausüben als diejenigen aus Wildschwanbrook. Die Entfernungsunterschiede zwischen Berner Park und Wildschwanbrook hingegen sind, betrachtet man Tab. 2o, relativ unbedeutend, während der Vergleich Hexenberg - Berner Park recht heterogen ausfällt.

Die Werte in den Tab. 21 und 22 stellen einen Versuch dar, die Entfernung aller Aktivitäten einer Person vom Wohnstandort zusammen in einer Zahl auszudrücken. Man kann dies als ein numerisches Äquivalent zu einem graphisch dargestellten Aktionsraum auffassen. Dabei haben wir mit unserer Vorgehensweise jene Probleme der Abgrenzung des "Raumes" umgangen, auf die bereits hingewiesen wurde (vgl. Abschn. 2). Bei der Berechnung der Werte für die beiden Tabellen haben wir uns auf den Aspekt der räumlichen Distanz als ein aktionsräumliches Kriterium beschränkt. Deshalb wurden für jede Person einerseits die Entfernungszonen ihrer Tätigkeiten an einem Tag addiert (Tab. 21), andererseits die durchschnittliche Entfernung pro Person gebildet (Tab. 22).

Da die Maßeinheiten dieser Zahlen Entfernungszonen sind, würde ihre Formulierung in Distanzen, gemessen in Kilometern, nur recht unpräzise Werte liefern. Es läßt sich aber auch so feststellen, daß die Aktivitätsorte der Bewohner Hexenbergs an beiden Wochentagen im Mittel am geringsten vom Wohnstandort entfernt sind.

Tab. 21. zeigt weiter, daß der "Aktionsraum" (wenn man das Distanzmaß für einen Moment so interpretieren will) der befragten Personen am Werktag größer ist als am Sonntag. Dies ist aber einzig auf die größere Zahl der Tätigkeiten pro Person an diesem Tag zurückzuführen (vgl. Tab. 8 und Abb. 18), denn im Mittel sind die Aktivitäten am Sonntag weiter entfernt als am Werktag (Tab. 22).

Zusammenfassend können als Ursache für das unterschiedliche Verhalten der befragten Personen in den Siedlungen folgende Faktoren angenommen

werden: Unterschiedlichkeit der zentralen Lage der Siedlungen im Stadtgebiet, Güte der Ausstattung mit Gelegenheiten im "lokalen" Bereich,
klimatische Bedingungen zum Befragungszeitpunkt. Teilweise wurde die
Wirkung dieser Einflußgrößen ja bereits bei der Siedlungsauswahl (vgl.
Abschn. 3.3.1) postuliert. Dabei ist offenbar der subjektive Unterschied in den Distanzen zur Stadtmitte zwischen Berner Park und Wildschwanbrook geringer, als es die objektiv vorhandenen Distanzen vermuten
lassen.

Dort wurde bereits auch daraufhingewiesen, daß jede der drei Siedlungen
eine bestimmte Kombination der Merkmale (genauer: der Merkmalsausprägungen) "Entfernung vom CBD", "Ausstattung" und zusätzlich, durch den Zeitpunkt der Erhebung, "Jahreszeit" darstellt. Daher ist es nur begrenzt
möglich, den Einfluß jedes einzelnen der drei Merkmale zu isolieren. Für
den Bereich unserer Tätigkeitskategorien läßt sich somit nur vermuten,
daß diese Merkmale das Verhalten bei einzelnen Tätigkeiten jeweils unterschiedlich stark beeinflussen, einige Tätigkeiten diesem Einfluß anschei-
nend auch überhaupt nicht unterliegen. Darüberhinaus können wir nur auf
die oben aufgeführten Annahmen über den Einfluß einzelner dieser Merkmale verweisen.

Tabelle 2o: <u>Signifikanzprüfung der mittleren Entfernung</u>
<u>der Aktivitätsorte</u>
(Signifkanzniveau Alpha = 5 %; die Angaben beziehen sich
auf die aktiven Befragten)

Aktivitäts-kategorie	Paarweise verglichene Siedlungen[1]		
	HEX - BP	HEX - WSB	BP - WSB
<u>werktags:</u>			
Arbeiten	signifikant	signifikant	signifikant
Einkaufen	signifikant	signifikant	nicht sign.
Priv. Dienstleistg.	nicht sign.	signifikant	nicht sign.
Sport, Erholung	nicht sign.	signifikant	nicht sign.
Reisen, Besuche	nicht sign.	nicht sign.	nicht sign.
<u>sonntags:</u>			
Sport, Erholung	signifikant	signifikant	nicht sign.
Reisen, Besuche	signifikant	signifikant	nicht sign.

1) HEX = Hexenberg; BP = Berner Park; WSB = Wildschwanbrook

Tabelle 21: <u>Summierte Entfernungen aller Tätigkeiten pro Person</u>
(in Entfernungszonen, nur Aktive)

	Mittelwert	Median	Modalwert	Standardabweichung
Werktags				
Hexenberg	4,2	3,5	2,0	2,6
Berner Park	5,6	4,6	4,0	4,0
Wildschwanbrook	5,7	4,7	4,0	3,7
Sonntags				
Hexenberg	3,9	3,0	2,0	2,9
Berner Park	4,8	4,7	5,0	2,9
Wildschwanbrook	5,0	4,8	5,0	2,9

Tabelle 22: <u>Durchschnittliche Entfernung der Tätigkeiten pro Person</u>
(in Entfernungszonen, nur Aktive)

	Mittelwert	Median	Modalwert	Standardabweichung
Werktags				
Hexenberg	1,8	2,0	2,0	0,5
Berner Park	2,5	2,5	3,0	1,0
Wildschwanbrook	2,7	2,5	2,0	1,1
Sonntags				
Hexenberg	2,0	2,0	2,0	1,0
Berner Park	3,2	3,0	5,0	1,5
Wildschwanbrook	3,2	3,0	5,0	1,3

4.2.2 Besuch von Zentren

Eine der Fragen der aktionsräumlichen Forschung ist, wie sich unter den Bedingungen einer expandierenden Stadt und eines steigenden Anteils der Gesamtbevölkerung in den peripheren Teilen der Stadt(region) die Benutzung von Zentren entwickelt. Gemeint ist damit speziell, ob eine polyzentrische Stadtstruktur mit ausgebauten Stadtteilzentren zu einer Schwächung der City als dem Oberzentrum führt.

Eine derartige Polyzentrik liegt historisch in Hamburg durch die Ortsker-ne der eingemeindeten Orte vor; sie ist zunehmend durch die Landesplanung gefördert worden. Es besteht eine Hierarchie von fünf Stufen von Zentren; diese ist bereits auf S. 73 dargestellt worden.

Es sei in diesem Zusammenhang daran erinnert, daß Forschungsergebnisse aus Nordamerika bereits Ende der 6oer Jahre zeigen konnten, daß die City (der CBD) sinkende Umsatz-Zuwachsraten, später sogar relativ sinkende Umsätze aufweist, daß die Stadtteil- und die Umlandzentren dagegen steigende Um-sätze aufweisen, und daß zudem die Zahl der privaten, nicht-arbeitsbezoge-nen Fahrten in den CBD sinkt (vgl. u.a. KAIN 1968, TAEUBER 1964). Es ist zu vermuten, daß dieser Trend auch für die Großstädte in der BRD gilt, wenn auch mit etwa lo - 15jähriger Verspätung.

In Tab. 23 sind die Distanzen der drei Siedlungen zu den für sie bedeutsa-men Zentren dargestellt. Gefragt wurde nach der Anzahl der Besuche, ohne die Aktivität "Arbeit".

Für Hexenberg gilt die City als das A-, das Einkaufszentrum Altona als B- und die Gelegenheiten um das Nobistor als lokales Zentrum; auch für Berner Park und Wildschwanbrook ist die City Hamburg das A-Zentrum. Für die Bewoh-ner der Siedlungen Berner Park und Wildschwanbrook ist das nächstgelegene B-Zentrum das Einkaufszentrum Wandsbek Markt, lokale Zentren sind Farmsen für die Siedlung Berner Park und Volksdorf für die Siedlung Wildschwanbrook, beide an einem U-Bahnhof gelegen.

Zu allen drei Zentrentypen hat Hexenberg die kleinste und Wildschwanbrook die größte Distanz. Während die City und das B-Zentrum von etwa gleich-vielen Bewohnern der Siedlung Berner Park und Wildschwanbrook besucht wer-den, benutzen doppelt so viele Bewohner Hexenbergs das B-Zentrum. Aus den Werten kann man ablesen, daß die Hexenberg-Bewohner eindeutig die sehr nahe

Tabelle 23: Besuchshäufigkeit von Zentren pro Monat, nach Siedlung

Zentrum	Hexenberg				Berner Park				Wildschwanbrook			
	1+	2+	3+	4+	1+	2+	3+	4+	1+	2+	3+	4+
City	4,5	45	2,19	4,87	12,1	55,5	2,64	4,74	14,8	51,9	1,76	3,4o
Wandsbek Markt	-	-	-	-	7,2	58,0	2,13	3,67	9,7	52,8	1,08	2,04
Rahlstedt	-	-	-	-	2,5	23,5	1,52	6,45	2,9	49,5	2,02	4,08
EZ Alstertal	-	-	-	-	4,5	27,5	0,56	2,04	6,0	33,0	0,85	2,57
Farmsen	-	-	-	-	1,7	36,0	2,6o	7,22	-	-	-	-
Volksdorf	-	-	-	-	-	-	-	-	2,6	7o,3	3,19	4,55
EZ Altona	1,0	90	5,72	6,36	-	-	-	-	-	-	-	-
Nobistor	0,3	94	12,54	13,34	-	-	-	-	-	-	-	-
Elbe-EZ	6,3	7	0,17	2,43	-	-	-	-	-	-	-	-
Schulterblatt/Feldstraße	1,4	38	1,13	2,97	-	-	-	-	-	-	-	-

+ = 1: Entfernung Siedlung Zentrum in Straßenkilometern

2: Prozensatz der Zentrenbesucher (von allen Befragten) einer Siedlung

3: Mittelwert der monatlichen Besuchshäufigkeit, bezogen auf alle Befragten

4: Mittelwert der monatlichen Besuchshäufigkeit, bezogen nur auf die Besucher des jeweiligen Zentrums

gelegenen attraktiven Zentren besuchen und die City-Besuchshäufigkeit erst mit weitem Abstand folgt. Es liegt der Schluß nahe, daß Siedlungsbewohner, die im fußläufigen Umfeld eine vielfältige Ausstattung mit Gelegenheiten haben, öfter "mal eben" einkaufen und Dinge erledigen. Hingegen zeigen die Bewohner der beiden peripheren Neubausiedlungen ein aus der Literatur bereits bekanntes Muster: Wenn das lokale Angebot an Gelegenheiten gering ist, so sind weite Reisen, zum CBD als dem A-Zentrum mit mehr Stationen-Ausgängen verbunden; es werden also jeweils mehrere Besorgungen/Erledigungen getätigt. Je entfernter die Siedlung vom Oberzentrum, desto häufiger sind Mehrstationen-Ausgänge, wenn das Oberzentrum aufgesucht wird.

Die monatliche Besuchshäufigkeit des A-Zentrums ist im Vergleich zu den B- und C-Zentren niedrig (Spalte 3). Nur rund die Hälfte Siedlungsbewohner suchen mindestens einmal im Monat die City auf. Höher hingegen ist der Prozentsatz der Besuche in den B-, zum Teil auch den C- und D-Zentren (Spalte 2). Dabei ist zu beachten, welches beträchtliche Ausmaß die Besuche in den Zentren niedriger Stufe haben, wenn man sie zusammengenommen denen in der City gegenüberstellt. Der Mittelwert für die Besuche des B-Zentrums Wandsbek ist bei den Bewohnern von Berner Park und Wildschwanbrook niedriger als für die City; demgegenüber ist, aufgrund der räumlichen Nähe, bei den Bewohnern von Hexenberg ein häufigeres Aufsuchen des B-Zentrums Altona festzustellen (Spalten 3 und 4). Höchste Werte erreichen die Besuche in den lokalen Zentren Farmsen und Volksdorf, wobei doppelt so viele Besucher von Wildschwanbrook als von Berner Park ihr lokales Zentrum aufsuchen.

Hieraus folgern wir, daß nicht so sehr die Größe eines Zentrums sondern dessen Erreichbarkeit für die Besuchshäufigkeit ausschlaggebend ist. Hier zeigen sich demnach, wenn auch an einer kleinen Stichprobe, sehr ähnliche Ergebnisse wie in den oben zitierten nordamerikanischen Studien. Einer der Gründe für die starke Orientierung auf kleinere und räumlich nahe Zentren ist sicherlich in der steigenden Qualität (Breite und Tiefe) des Warenangebotes in den Subzentren zu sehen.

4.3 <u>Ergebnisse der Hypothesenprüfung</u>

Die in Abschn. 3.1 formulierten Hypothesen sind in Matrixform nochmals
in Tab. 24 dargestellt. Hierbei bezeichnen die Spalteneingänge die unabhängigen Variablen, die Zeileneingänge die abhängigen. Aus dem reich-
haltigen Angebot an Maßzahlen zur Messung der Stärke eines Zusammenhanges zwischen zwei Variablen haben wir uns für das Maß Eta entschieden.
Diese Entscheidung kann durch folgende Eigenschaften der Maßzahl begründet werden (vgl. hierzu BENNINGHAUS 1976, S. 23o ff):
1. die abhängige Variable muß metrisch sein (Intervall- oder Ratioskala)
2. die unabhängige Variable kann nominales Skalenniveau besitzen.
Daraus ergeben sich zwei Vorteile:
a. es muß a priori keine Annahme über die Art der Beziehung zwischen den
   Variablen gemacht werden (wie z.B. Monotonie oder Linearität)
b. ein Informationsverlust durch Reduktion des Skalenniveaus der abhängigen Variablen kann vermieden werden.
Der Wertebereich des Koeffizienten liegt zwischen o und 1; es kann jedoch
nicht die Richtung des Zusammenhanges ermittelt werden (kein Vorzeichen),
was angesichts des Nominalskalenniveaus der unabhängigen Variablen sowieso
sinnlos wäre.
Eta^2 (auch bezeichnet als: Korrelationsverhältnis) bestimmt das Verhältnis der durch die unabhängige Variable erklärten Variation der abhängigen
Variablen bezogen auf die Gesamtvariation der abhängigen. Es ist damit in
etwa analog zu r^2 als Größe zu verstehen, die die Reduktion des Vorhersage-
fehlers der abhängigen Variablen unter Kenntnis der unabhängigen angibt.
Zusätzlich gibt Tab. 24 an, ob die Beziehung auf dem 5 %-Niveau signifikant ist (Alpha = .o5).

Betrachtet man die Ergebnisse, so stellt sich die Frage, ob die Koeffizienten die angenommenden Beziehungen bestätigen oder widerlegen. Ungeachtet des Problems, inwieweit die Signifikanz eines Zusammenhanges auch
ein Kriterium für dessen Bedeutsamkeit innerhalb der Theorie ist, sind
die Ergebnisse jedoch fast ausnahmslos als Falsifikationen zu werten:
Nur vier Beziehungen sind signifikant, davon wiederum erklären nur zwei
mehr als lo % der Varianz der abhängigen Variablen (dieser Wert wird hier
sehr willkürlich eingeführt, er soll kein Falsifikationskriterium sein).

Hieran zeigt sich auch, daß es sinnvoll ist, bei der Hypothesenformulierung nicht nur die Richtung und Art des vermuteten Zusammenhanges zu spezifizieren, sondern auch die vermutete Stärke (Enge) der Beziehung zwischen den Variablen. Obgleich dies (noch) nicht der Praxis der sozialwis-

senschaftlichen Forschung entspricht, ist es wünschenswert, weil damit
nicht nur die Hypothese informativer würde, sondern auch ein zusätzliches
Kriterium zur Ablehnung/Beibehaltung der Hypothese gewonnen würde.

Aus der Analyse von Tab. 24 lassen sich unseres Erachtens folgende Kon-
sequenzen ziehen: Eine weiterführende Untersuchung der bis jetzt falsifizierten Beziehungen muß die Ebene der bivariaten Hypothesen verlassen,
wie es ja eigentlich schon bei der Variablen "Alter einer kinderlosen Person" begonnen wurde. Außerdem sollte eine systematische Überprüfung der
Beziehungen unternommen werden (man beachte die leeren Felder in Tab. 24),
um den Erklärungsgehalt des in dieser Studie vorgeschlagenen theoretischen
Ansatzes voll ausschöpfen zu können. Diese Vorgehensweise soll im nächsten
Abschnitt mit Hilfe eines kausalanalytischen Verfahrens durchgeführt werden.

Tabelle 24: Determinationskoeffizienten der bivariaten Hypothesen
(Anteil der erklärten Varianz, Maßzahl Eta^2) +) signifikant bei Alpha = .05

	Schicht	Alter		Alter der Kinder	Erwerbs-tätigkeit	Verfügbar-keit üb.PKW	Lage der Siedlung
		o. Kinder	m. Kinder				
Anteil der Außerhausakt. Werktags	.o12 +)	.116 +)	.oo5	.oo8			.oo2
Anteil der Außerhausakt. Sonntags	.o2o	.o17	.oo3	.ooo			.o2o
Anteil der überlok. Akt. Werktags	.o14	.o36	.ooo	.o12		.o63	
Anteil der überlok. Akt. Werktags (ohne Arbeit)					.o2o		
Anteil der überlok. Akt. Sonntags	.oo8	.oo3	.oo6	.o17	.oo5	.oo8	
Aktiv. Vielfalt monatl.	.o53 +)	.144 +)	.o73 +)				.ooo
Aktiv. Vielfalt Werktags (außerhaus)	.o2o +)	.o2o	.o17 +)				.oo8
Aktiv. Vielfalt Werktags (überlokal)	.oo3	.oo3	.o1o				
Aktiv. Vielfalt Sonntags (außerhaus)	.oo1	.oo6	.o1o				.oo4
Aktiv. Vielfalt Sonntags (überlokal)	.oo2	.o12	.o14 +)				

4.4 Mehrvariablenanalyse

Die bisher hier getesteten bivariaten Hypothesen stellen einen unzuläng-
lichen Versuch der Präzisierung und empirischen Überprüfung der angenommenen Theorie dar. Ein von allen anderen Einflüssen isolierter kausaler
Zusammenhang zweier Variablen ist nicht nur eine unrealistische Annahme
der Wirklichkeit, er entspricht auch normalerweise nicht der explizier-
ten oder implizit gebliebenen Komplexität der Theorie, die doch wohl immer das Zusammenwirken einer Vielzahl von Variablen zu erfassen sucht.
Dieser Tatsache sollte aber auch bei der Hypothesenformulierung und ihrer
statistischen Überprüfung Rechnung getragen werden - es wird ein multi-
variates Analyseverfahren erforderlich. Im folgenden sollen die Ergebnisse der Anwendung eines solchen Verfahrens in unserer Studie dargestellt
werden. Einleitend dazu wird die benutzte Methode, die Pfadanalyse, kurz
charakterisiert. Dies kann jedoch keine umfassende Darstellung ersetzen,
den interessierten Leser verweisen wir hierzu auf das einführende Buch von
OPP & SCHMIDT (1976).

Die Pfadanalyse ist eine Variante der multiplen Regressionsanalyse. Sie
setzt voraus, daß Variablen in einen kausalen Zusammenhang gebracht worden sind, der mit Hilfe der üblichen Regressionsverfahren geprüft wird.
Kausalmodelle mit wenigen Variablen werden dabei üblicherweise graphisch
in einem Kausaldiagramm dargestellt (s. Beispiel 1), wobei jeder Pfeil
(der "Pfad") durch seinen Verlauf und seine Richtung eine kausale Beziehung symbolisiert.

Beispiel 1:

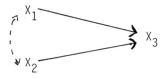

Die gestrichelte Linie symbolisiert eine Korrelation,
also keine kausale Beziehung.

Die Stärke der kausalen Beziehung zwischen zwei Variablen (der "Pfadkoeffizient") ergibt sich aus der Stärke des Zusammenhanges zwischen der
unabhängigen und der abhängigen Variablen (in Beispiel 1 z.B. zwischen
X_1 und X_3) unter Berücksichtigung der Korrelation der unabhängigen Variablen (hier X_1 und X_2) und den anderen kausalen Beziehungen (hier zwischen X_2 und X_3). Mathematisch gesehen entspricht die Formel zur Berechnung eines Pfadkoeffizienten der des partialisierten Regressionskoeffi-

zienten. Zur Illustration sei die Formel für die Berechnung des Pfadkoeffizienten zwischen X_1 und X_3 (abgekürzt: p_{31}) in Beispiel 1 hier
aufgeführt:

$$p_{31} = \frac{r_{31} - r_{32}\, r_{21}}{1 - r_{21}^2}$$

Erläuterung: r = Korrelationskoeffizient

> Die erste Ziffer im Subskriptbezeichnet die abhängige
> Variable, die zweite die unabhängige. r_{21} folgt dieser
> Regel nur bedingt, da es sich hier um eine Korrelation
> handelt, bei der die Einteilung unabhängig - abhängig
> nicht sinnvoll ist.

Das Ergebnis, der Pfadkoeffizient, ist der Wert, mit dem die unabhängige
Variable einen direkten kausalen Effekt auf die abhängige Variable hat.
Dieser Wert ist, von speziellen Ausnahmen abgesehen, ungleich der ent-
sprechenden Korrelation.

Zu Beginn unserer Studie war es nicht beabsichtigt gewesen, die Auswertung mit Hilfe eines kausalanalytischen multivariaten Verfahrens durch-
zuführen. Da die Logik der Pfadanalyse den Forscher dazu zwingt, kausale Beziehungen zwischen den Variablen aus seiner Theorie heraus zu formulieren, wir aber auch das wissenschaftstheoretische Verfahren der de-
duktiven Theorietestung nicht aufgeben wollen, ergibt sich die Schwierigkeit, mit welchem methodologischen Anspruch die notwendigen kausalen Annahmen im nachhinein gemacht werden können. Es ist uns klar, daß aus diesem Grund die im folgenden formulierten Kausalmodelle eher heuristischen
Charakter haben, da im strengen Sinn keine Hypothesentestung vorliegt.

Abbildung 21: <u>Kausaldiagramm zur Erklärung des Anteils</u>
<u>der Außerhausaktivitäten im Zeitbudget</u>
<u>werktags</u>

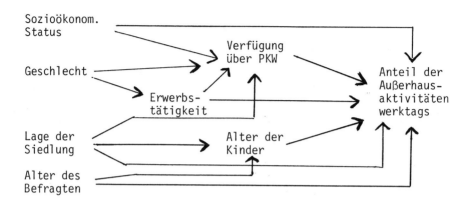

In Abb. 21 ist das Kausalmodell zur "Erklärung" der abhängigen Variable "Anteil der Außerhausaktivitäten im Zeitbudget werktags" dargestellt. Man sieht, daß die direkten kausalen Beziehungen der bivariaten Hypothesen (s. Abb. 8 und Tab. 24) weitgehend beibehalten wurden. Ergänzend wurde versucht, auch für die unabhängigen Variablen eine kausale Struktur zu postulieren. Wir gehen davon aus, daß es sich hierbei um teilweise geprüfte, teilweise zumindest bereits in ähnlicher Form in der Literatur vorgeschlagene Annahmen handelt, so daß unser Modell nicht nur auf Plausibilitätsannahmen beruht.

Dieses Modell wurde nicht nur für diese eine abhängige Variable, sondern auch für die folgenden anderen geprüft:
- Anteil der Außerhausaktivitäten im Zeitbudget sonntags
- Anteil der lokalen Außerhausaktivitäten im Zeitbudget werktags
- Anteil der lokalen Außerhausaktivitäten im Zeitbudget sonntags
- Heterogenität der Außerhausaktivitäten im Zeitbudget werktags
- Heterogenität der Außerhausaktivitäten im Zeitbudget sonntags
- Heterogenität der ausgewählten Außerhausaktivitäten bezogen auf den Monat
- Anzahl unterschiedlicher Außerhausaktivitäten im Zeitbudget werktags
- Anzahl unterschiedlicher Außerhausaktivitäten im Zeitbudget sonntags
- Summe der Entfernungen der Außerhausaktivitäten im Zeitbudget werktags
- Summe der Entfernungen der Außerhausaktivitäten im Zeitbudget sonntags
- Durchschnittliche Entfernung der Außerhausaktivitäten im Zeitbudget werktags
- Durchschnittliche Entfernung der Außerhausaktivitäten im Zeitbudget sonntags

Mit anderen Worten, alle 13 Kausalmodelle unterscheiden sich nur in dieser einen Variable. Das Ergebnis der Berechnung dieser Modelle ist in Tab. 25 dargestellt.

Bevor wir den Inhalt dieser Tabelle näher erläutern, sei für den mit der Pfadanalyse etwas vertrauteren Leser folgender Hinweis eingefügt: Es gibt bei der Analyse von Ordinaldaten, um die es sich hier bei einer nicht zu strengen Auslegung wohl insgesamt handeln könnte, eine Diskussion darüber, welche Zusammenhangsmaße anzuwenden seien, und inwieweit sie kausalanalytisch interpretiert werden können. Für den uns hier interessierenden Zusammenhang stehen sich unseres Wissens zwei Positionen gegenüber: die eine hält Kendalls Tau-Koeffizienten für angemessen, die andere Pearsons Produkt-Moment-Korrelationskoeffizienten trotz Ordinalskalenniveau für anwendbar. Die entscheidenden Diskussionspunkte sind die Probleme, welcher Koeffizient die angemessene "Übersetzung" des ordinalen Datenniveaus ist, welcher Koeffizient kausalanalytisch zutreffend zu interpretieren ist, und inwieweit der Tau-Koeffizient eine multivariate Beziehung ausdrücken kann. Wir haben den Tau-Koeffizienten zur Grundlage unserer Berechnungen gemacht, weil wir ihn für die angemessene "Übersetzung" des erreichten Datenniveaus halten, andererseits die Unsicherheit seiner kausalanalytischen Interpretation in diesem "heuristischen Stadium" inkauf nehmen wollen.

Tab. 25 hat nun folgenden formalen Aufbau: Die Spalteneingänge bezeichnen die unabhängigen Variablen, also alle diejenigen in Abb. 21, von denen ein Pfeil ausgeht. Die Zeileneingänge bezeichnen die abhängigen Variablen, also alle, auf die ein Pfeil hinzielt. So weisen beispielsweise auf die Variable "Alter der Kinder" zwei Pfeile, in der Zeile "Alter der Kinder" finden sich in den entsprechenden Spalten "Lage der Siedlung" und "Alter des Befragten" also auch Werte, die die Pfadkoeffizienten ausdrücken. Gleichzeitig geht aber auch von "Alter der Kinder" ein Pfad aus, entsprechend gibt es auch eine Spalte "Alter der Kinder", in der die Koeffizienten dieses Pfades für alle 13 Modelle wiedergegeben sind. Oberhalb der doppelten Linie in Tab. 25 steht jenes Teilmodell, das für alle Kausalmodelle identisch ist. Alle Modelle sind somit in dieser Tabelle zusammengefaßt, da sie sich ja nur in den direkten Pfaden auf die jeweils ausgetauschte abhängige Variable unterscheiden. Die einzelnen Werte sind standardisierte Pfadkoeffizienten, d.h. sie können maximal nur einen Wert zwischen -1 und +1 annehmen[1].

---

1) Da unseren Berechnungen Tau-Koeffizienten zugrundeliegen, würden sich auch unsere unstandardisierte Pfadkoeffizienten in diesem Wertebereich bewegen. Diese Erläuterung soll daher nur dem Verständnis des "Nicht-Mathematikers" dienen.

Tabelle 25: Pfadkoeffizienten und erklärte Varianzen

	Geschlecht	Lage der Siedlung	Alter des Befragten	Sozioökon. Status	Erwerbs-tätigkeit	Verfügung über PKW	Alter der Kinder	erklärte Varianz
Erwerbstätigk.	.57							.32
Alter der Kinder		.06						.09
Verfügung über PKW	.29	.05	.30	.16	.17			.21
Anteil d. Außerhausaktivitäten werktags		.01	-.08	.02	.43	.12	.06	.26
Anteil d. Außerhausaktivitäten sonntags		.05	-.11	.06	.09	.13	.01	.06
Anteil lokaler Außerhausaktivität.werktags		-.19	-.01	0.0	-.34	-.07	-.01	.15
Anteil lokaler Außerhausaktivität.sonntags		-.19	.06	-.04	-.01	-.03	-.08	.05
Heterogenität Akt. im Monat ausgewählter		-.02	-.18	.13	.06	.05	-.02	.06
Heterogenität d. Außerhausaktiv.werktags		-.08	-.08	.13	-.16	0.0	.03	.05
Heterogenität d. Außerhausaktiv.sonntags		-.04	-.05	-.01	.13	.06	0.0	.03
Anzahl Außerhausaktivitäten werktags		-.06	-.08	.15	-.15	.03	.01	.05
Anzahl Außerhausaktivitäten sonntags		-.05	-.02	-.03	.13	.01	.01	.02
Summe der Entfernungen der Aktiv.werktags		.10	-.03	.14	.06	.13	.01	.07
Summe der Entfernungen der Aktiv.sonntags		.12	.01	.04	.04	.10	.02	.03
Durchschnittl. Entferng. der Aktiv.werktags		.23	.07	.02	.30	.16	.01	.21
Durchschnittl. Entferng. der Aktiv.sonntags		.19	.04	.07	-.06	.11	.02	.06

Die Ergebnisse können nun unter einer Vielzahl von Gesichtspunkten diskutiert werden, von denen uns hier zwei interessieren:

1. Sind die einzelnen vorhergesagten Beziehungen, die Pfade, widerlegt worden? Oder etwas genauer unter dem Aspekt der eingangs formulierten methodologischen Überlegungen: Wurden diese Beziehungen durch die Daten unserer Studie (für heuristische Zwecke) bestätigt?

2. Welche Erklärungskraft besitzen die angenommenen Modelle, d.h. wie hoch ist der Anteil der erklärten Varianz?

Es gibt kein einheitliches Kriterium, an dem die Widerlegung der vorhergesagten Beziehungen gemessen wird. Jedoch hat sich in der Forschungspraxis eine "Daumenregel" etabliert, nach der ein Pfadkoeffizient unter .1o als Falsifikation der Annahme einer Beziehung angesehen wird. In Tab. 25 sind alle Koeffizienten, die diesen Wert erreichen oder überschreiten, durch einen Kreis gekennzeichnet. Demnach sind eine Vielzahl der Pfade nicht bestätigt worden(55 Pfade = 64,7 %). Bei einer strengen Auslegung des Falsifikationsprinzips bedeutet jedoch bereits die Falsifikation eines Pfades das Scheitern des gesamten Modells. So betrachtet, sind alle 13 Kausalmodelle widerlegt worden. Auch das Kriterium der Varianzerklärung ergibt kein besonders günstiges Bild. Die erklärte Varianz gibt das Ausmaß an, mit dem die Variation einer abhängigen Variablen durch die in Kausalhypothesen als ursächlich spezifizierten Variablen bedingt wird. Sie kann wertmäßig zwischen o und 1 liegen, diese Werte entsprechen keiner bzw. einer vollständigen Varianzerklärung. Betrachtet man nun die Spalte "erklärte Varianz" in Tab. 25, so finden sich dort nur fünf Werte größer als .1o. Auch ohne über ein Kriterium zu verfügen, welche Erklärungskraft ein Kausalmodell haben sollte, um seinem Anspruch der kausalen Erklärung noch gerecht werden zu können, sprechen diese Zahlen doch eher für eine Ablehnung der Kausalmodelle.

Trotzdem erscheint es uns angebracht, diese Rigorosität in der Ablehnung der gesamten Annahmen nicht zu vollziehen, sondern die Wirkungen der Variablen in den Modellen einzeln zu betrachten.

Das für alle Modelle identische Teilmodell weist einen hohen Anteil bestätigter Pfade auf. Auch die Widerlegung der Wirkungen der Variable "Lage der Siedlung" in diesem Hypothesenteil kann noch insofern positiv bewertet werden, als dies bedeutet, daß die Merkmale der befragten Per-

sonen nicht durch das Siedlungsmerkmal beeinflußt werden, d.h. die
drei untersuchten Personengruppen sich nicht signifikant voneinander
unterscheiden.

Im Bereich der restlichen Hypothesen (s. Tab. 25 unterhalb des Doppelstrichs) ist die "Erwerbstätigkeit" die kausal einflußreichste Größe,
dies nicht nur gemessen an der absoluten Größe der Pfadkoeffizienten,
sondern auch durch die Zahl der nicht widerlegten Beziehungen. Interessanterweise besitzt dieses Merkmal wechselnd positiven oder negativen
Einfluß. Am Werktag hält sich eine erwerbstätige Person vergleichsweise
länger außerhalb ihrer Wohnung auf als eine nichterwerbstätige. Gleichzeitig ist die durchschnittliche Entfernung ihrer Aktivitäten vom Wohnstandort größer. Dies ist sicherlich kein überraschendes Ergebnis, da
es die herausragende Bedeutung der Berufstätigkeit am Werktag nur bestätigt. Entsprechend halten sich nichterwerbstätige Personen, wenn sie
ihre Wohnung verlassen, länger in der Siedlun g auf, und sie unternehmen
unterschiedliche Tätigkeiten, deren Heterogenität höher als bei Erwerbstätigen ist. Am Sonntag hingegen hat eine Berufsausübung zur Folge, daß,
verglichen mit dem an diesem Tag ansonsten geringen Tätigkeitenbudget
der übrigen Bewohner, dieser Personenkreis eine größere Anzahl unterschiedlicher Aktivitäten (u.a. die Berufstätigkeit) ausführt, und damit
ihre Zeitbudgets heterogener sind.

Zweitbedeutendste Variable ist die "Verfügung über PKW", zumindest gemessen an der Zahl der bestätigten Beziehungen. Hier bietet sich jedoch
ein völlig anderes Bild der Ergebnisse: Die Richtung dieser Beziehungen
ist überall dort, wo sie bestätigt wurden, positiv. Außerdem sind es
dieselben Variablen am Werktag und am Sonntag, die durch dieses Merkmal
beeinflußt werden. D.h. eine Person, die entweder selber einen PKW besitzt, oder über ein Auto mehr oder weniger frei verfügen kann, hält sich
werktags und sonntags mehr außerhalb der Wohnung auf; ihre Tätigkeiten
sind, sowohl zusammenbetrachtet als auch im Durchschnitt, weiter vom
Wohnstandort entfernt. Erstaunlicherweise ist die Stärke der kausalen
Beziehung in allen sechs Fällen etwa gleichgroß. Übrigens kann aus diesen Ergebnissen nicht geschlossen werden, daß Personen mit einem Auto
aktiver sind. Weder die Anzahl der Tätigkeiten noch ihre Heterogenität
werden durch dieses Merkmal bedeutsam beeinflußt.

Die Variable "Lage der Siedlung" hat ebenfalls in sechs Fällen kausale
Wirkung. Es ist bereits mehrfach daraufhingewiesen worden, daß diese
Größe eine Kombination mehrerer Merkmale der drei untersuchten Siedlungen darstellt. Dieser Sachverhalt läßt sich auch hier wiederfinden. Die
negativen Vorzeichen der beiden Pfadkoeffizienten für den "Anteil lokaler Außerhausaktivitäten" zeigen an, daß die Bewohner Hexenbergs einen
größeren Teil ihrer Zeit in der Siedlung verbringen. Dies kann als Indikator für die Wirkung der besseren Ausstattung der Siedlung im Vergleich
mit den beiden anderen gewertet werden. Auch die beiden anderen Variablen
"Summe der Entfernungen der Aktivitäten" und "Durchschnittliche Entfernung
der Aktivitäten" werden werktags und sonntags durch das Siedlungsmerkmal
beeinflußt. Entsprechend den Ergebnissen in Abschn. 4.2.1 ist dies nun
sicherlich nicht als Wirkung einer Siedlungausstattung, sondern als Ausdruck der unterschiedlichen Lage der Siedlungen im Stadtgebiet, besonders
deren Entfernung zur Stadtmitte, zu werten. Die positiven Vorzeichen der
Koeffizienten weisen daraufhin, daß die Bewohner der entfernter gelegenen Siedlungen größere Distanzen überwinden, um zu den Aktivitätsorten
zu gelangen.

Die Höhe des "sozioökonomischen Status" der befragten Person wirkt sich
in vier Beziehungen positiv mit nahezu gleichgroßer kausaler Stärke aus.
Es sind dies am Werktag Anzahl und Heterogenität der Außerhausaktivitäten sowie die "Summe der Entfernungen der Aktivitäten". Zusätzlich wird
die "Heterogenität der ausgewählten Aktivitäten im Monat" positiv beeinflußt. Wenn man berücksichtigt, daß die "Summe der Entfernungen der Aktivitäten" durch die Zahl der Summanden (d.h. der unterschiedlichen Tätigkeiten) ebenfalls einen Aspekt der Aktivitätenvielfalt erfaßt, so kann
zusammenfassend festgehalten werden, daß der SES einer Person Auswirkungen auf ihre Aktivitätenvielfalt hat. Interessanterweise besteht diese
Beziehung nicht am Sonntag. Welche Gründe hierfür ausschlaggebend sind,
können wir aufgrund unserer Studie nicht feststellen. Es muß zukünfti-
ger Forschung überlassen bleiben, die Wirkung dieser Variable präziser
zu formulieren und zu überprüfen.

Das Alter der Person hat nur einen Einfluß auf den "Anteil der Außerhausaktivitäten sonntags" und die "Heterogenität ausgewählter Aktivitäten im
Monat". Je jünger also die Person ist, desto länger hält sie sich sonntags
außerhalb der Wohnung auf. Außerdem unternimmt sie im Lauf eines Monats
vielfältigere Aktivitäten. Wie bereits in Abschn. 4.1.2 angesprochen wur-

de, besteht die Möglichkeit, daß die letztgenannte Variable einen größeren
Meßfehler aufweist. Es ist also denkbar, daß der Einfluß des Alters ein
Forschungsartefakt ist, etwa dergestalt, daß jüngere Personen mehr Tätig-
keiten angeben, als sie tatsächlich ausüben.

Das "Alter der Kinder" hat, diesen Ergebnissen zufolge, keinerlei kausalen
Einfluß. Da die Konstruktion der Messung dieser Größe jedoch etwas unge-
bräuchlich ist, halten wir es für möglich, daß diese Falsifikation eher
auf die angewandte Meßtheorie als auf ein Scheitern der Hypothesen zurückzuführen ist. Es sind also zur Erforschung der Einflüsse dieser Variable
weitere vergleichende Untersuchungen notwendig.

Dieser Hinweis sollte aber hier nochmals auf alle Ergebnisse bezogen werden:
sie sind, in der Methodologie des Kritischen Rationalismus, keine Beweise
für die Wirkung oder Nichtwirkung bestimmter Variablen, sondern nur ungeprüfte Ergebnisse, die der weiteren Forschung mögliche Wege weisen können.

Zum Abschluß der Betrachtung der einzelnen Pfade wollen wir noch einmal versuchen, die Ergebnisse in einem größeren Überblick zusammenzufassen. Dies
ist in Tab. 26 geschehen. Oberhalb des Doppelstrichs sind alle Pfadkoeffizienten größer .1o danach ausgewertet worden, ob sie sich auf eine Variable
des Werktags, des Sonntags oder auf die Aktivitätsvielfalt im Monat beziehen.
So erkennt man z.B. in der ersten Spalte, daß die "Lage der Siedlung" drei
Einflüsse am Werktag, drei am Sonntag und keinen auf die monatlichen Aktivitäten hat. Die entscheidende Information befindet sich jedoch in der Summenspalte am rechten Tabellenrand: Dort steht zuerst die Summe der bestätigten kausalen Beziehungen für jede Zeile, also z.B. in der ersten Zeile
"14". Die Spalte "Max." enthält die maximal mögliche Zahl kausaler Beziehungen dieser Zeile, also für "Werktags" 6 Variablen, die sich auf den Werktag beziehen, multipliziert mit der Anzahl der im Tabellenkopf stehenden
Variablen (also für die erste Zeile: 6 x 6 = 36). Die Prozentspalte gibt
nun den Anteil der bestätigten Beziehungen an den maximal möglichen an.
Diesen Wert interpretieren wir als die relative Erklärungskraft unserer
Kausalmodelle für die drei Zeitintervalle "Werktags", "Sonntags" und "Mo-
natlich". Man sieht, daß, ungeachtet der Größe der jeweiligen Pfadkoeffizienten, die Erklärung durch die Variablen am Werktag am besten ist. Offen-
sichtlich steuern unterschiedliche Einflüsse das Verhalten der Personen an
den beiden Wochentagen. Worauf diese Unterschiedlichkeit beruht, kann durch

Tabelle 26: Erklärungskraft der Variablen in der Mehrvariablenanalyse aufgrund ihrer bestätigten kausalen Beziehungen

abhängige Variable	Lage der Siedlung	Alter des Befragten	Sozioökon. Status	Erwerbs- tätigkeit	Verfügung über PKW	Alter der Kinder	Summe abs.	Max.	%
Werktags	3	0	3	5	3	0	14	36	39
Sonntags	3	1	0	2	3	0	9	36	25
Monatlich	0	1	1	0	0	0	2	6	33
Aktionsraum	4	0	1	1	4	0	1o	24	42
Aktivitätsdauer	2	1	0	2	2	0	7	24	29
Aktivitätenvielfalt	0	1	3	4	0	0	8	30	27

unsere Studie nicht festgestellt werden.

Unterhalb des Doppelstrichs in Tab. 26 sind die Variablen aus Tab. 25
nach anderen Kriterien zusammengefaßt worden:

- Aktionsraum   = Summe der Entfernungen der Aktivitäten
                         werktags/sonntags
                         Durchschnittliche Entfernung der Aktivitäten
                         werktags/sonntags
- Aktivitätsdauer   = Anteil der Außerhausaktivitäten
                         werktags/sonntags
                         Anteil der lokalen Außerhausaktivitäten
                         werktags/sonntags
- Aktivitätsvielfalt   = Heterogenität der Außerhausaktivitäten
                         werktags/sonntags
                         Anzahl Außerhausaktivitäten
                         werktags/sonntags
                         Heterogenität ausgewählter Aktivitäten
                         im Monat.

Der Aufbau dieses Tabellenteils entspricht ansonsten der der oberen Tabellen-
hälfte. Die Summenspalte zeigt nun, daß durch unsere Modelle am besten die
Variablen des Aktionsraums erklärt werden. Interessant ist hier aber auch
gleichzeitig die geringere Erklärung von Aktivitätsdauer und -vielfalt. Dies
könnte zumindest darauf hindeuten, daß z.B. Merkmale wie die Erreichbarkeit
von Aktivitätsorten oder der PKW-Besitz eher die Ausdehnung eines Aktionsraums beeinflussen, die Aktivitäten jedoch auch unter widrigen Umständen ausgeführt werden. Diese Folgerung aus den Ergebnissen deutete sich zwar bei
der Beschreibung der Daten in Abschn. 4.1 und 4.2 schon an, erfährt hier jedoch eine weitere Stützung. Würde sie durch weitere vergleichende Untersuchungen bestätigt werden, so müßten manche Annahmen, die in Abschn. 2 vorgetragen wurden, revidiert werden. Insbesondere auch sozialpolitische Argu-
mentationen wie die "Disparitätenthese"könnten von einem solchen empirischen
Befund nicht unberührt bleiben.

Bisher haben wir immer nur den direkten Einfluß einer Variablen auf eine
andere besprochen. Wenn man sich aber nochmals Abb. 21 ansieht, so erkennt
man, daß z.B. die Variable "Sozioökonomischer Status" nicht nur einen direkten Einfluß auf die Variable "Anteil der Außerhausaktivitäten werktags"
hat, sondern daß zwischen diesen beiden Variablen auch ein indirekter "Weg"

über die Variable "Verfügung über PKW" besteht - der indirekte kausale
Effekt. Diese Größe berechnet sich aus dem Produkt der Pfadkoeffizienten
jener Pfade, die gemeinsam, der Pfeilrichtung folgend, die indirekte Beziehung zwischen den b eiden Variablen herstellen. So ist der indirekte
kausale Effekt der Variable "Sozioökonomischer Status" auf die Variable
"Anteil der Außerhausaktivitäten werktags" gleich dem Produkt der beiden
direkten Beziehungen: .16 x .12. Eine Variable kann mehrere indirekte kausale Beziehungen zu einer anderen besitzen. So hat z.B. die Variable "Geschlecht" drei indirekte kausale Beziehungen über die Variablen "Erwerbstätigkeit" und "Verfügung über PKW" zu den abhängigen Variablen.

Der direkte kausale Effekt (der Pfadkoeffizient) und alle indirekten kausalen Beziehungen zusammen bilden den totalen kausalen Effekt einer Variable auf eine andere. Dieses Maß betont die Bedeutung einer Variable in der
Struktur eines Kausalmodells stärker als der Pfadkoeffizient allein.

In Tab. 27 sind die totalen kausalen Effekte für alle 13 Modelle zusammengestellt. Der Aufbau dieser Tabelle entspricht Tab. 25. Die zuletzt formulierte Aussage über die Bedeutung des Koeffizienten des totalen kausalen
Effekts kann man leicht an den Ergebnissen der Variable "Geschlecht" überprüfen, deren gesamte kausale Effekte, die man sonst nur dem Kausalmodell
entnehmen könnte, hier ausgedrückt sind. Die gesamte kausale Wirkung einer
Variable auf eine andere (der totale kausale Effekt) muß nicht in jedem
Fall größer sein als die direkte kausale Wirkung, die durch den Pfadkoeffizienten ausgedrückt wird. Sind direkte und indirekte kausale Wirkung in
ihren Vorzeichen nicht identisch, so verringert sich der totale kausale
Effekt. Hieran erkennt man auch eine weitere Bedeutung dieser Maßzahl: Sie
zeigt die Wirkungen eines Merkmals im Rahmen eines Modells einschließlich
ihrer Nebenwirkungen.

Bei einem Vergleich der Zahlen in Tab. 25 und 27 zeigt sich, daß außer
bei der Variable "Geschlecht" kein bedeutsamer Unterschied zwischen den
jeweiligen Koeffizienten besteht. Da die Pfadkoeffizienten allerdings meist
auch niedrig sind, war ein anderes Ergebnis nicht zu erwarten gewesen.

Im übrigen sollte aufgrund der eingangs formulierten Probleme der Anwendung
der Pfadanalyse in unserer Studie eine differenzierte Interpretation der
unterschiedlichen direkten und indirekten Effekte vermieden werden, da sie

Tabelle 27: Totale kausale Effekte

	Geschlecht	Lage der Siedlung	Alter des Befragten	Sozioökon. Status	Erwerbstä-tigkeit	Verfügung über PKW	Alter der Kinder
Erwerbstätigk.	.57						
Alter der Kinder		.06	.30				
Verfügung über PKW	.39	.05		.16	.17		
Anteil d. Außerhausaktivitäten werktags	.29	.01	-.06	.04	.41	.12	.06
Anteil d. Außerhausaktivitäten sonntags	.10	.06	-.11	.08	.07	.13	.01
Anteil lokaler Außerhausaktivität.werktags	-.22	-.10	-.01	-.01	-.35	-.07	-.01
Anteil lokaler Außerhausaktivität.sonntags	-.02	-.19	.04	-.05	-.02	-.03	-.08
Heterogenität ausgewählter Akt. im Monat	.05	-.02	-.19	.14	.06	.05	-.02
Heterogenität d. Außerhausaktiv.werktags	-.09	-.08	-.07	.13	-.16	0.0	.03
Heterogenität d. Außerhausaktiv.sonntags	.10	-.04	-.05	0.0	.14	.06	0.0
Anzahl Außerhausaktivitäten werktags	-.07	-.06	-.08	.15	-.14	.03	.01
Anzahl Außerhausaktivitäten sonntags	.08	-.05	-.02	-.03	.13	.01	.01
Summe der Entfernungen der Aktiv.werktags	.08	.11	-.03	.16	.08	.13	.01
Summe der Entfernungen der Aktiv.sonntags	.06	.13	.02	.06	.06	.13	.02
Durchschnittl. Entferng. der Aktiv.werktags	.23	.24	.07	.05	.33	.16	.01
Durchschnittl. Entferng. der Aktiv.sonntags	.01	.20	.05	.09	-.04	.11	.02

aus methodologischen und statistischen Gründen zu unsicher wäre[1].

---

1) Eine weitergehende Darstellung der kausalen Effekte und ihre Zerlegung unter dem Aspekt der Modellüberprüfung findet sich in Abschn. 5.1.3 und Anhang D.

5. FOLGERUNGEN

5.1 Hinweise für weitere Studien

Die Ergebnisse der statistischen Auswertungen scheinen die theoretischen Annahmen in großem Umfang zu widerlegen. Wo können die Ursachen hierfür liegen?

Wie in jeder empirischen Studie gibt es sehr vereinfacht zwei Antwort-möglichkeiten:

1. die Theorie ist falsch,
2. die Methode ist falsch, d.h. der Theorie nicht angemessen. Ursache hierfür kann z.B. die Auswahl der Variablen, ihre Operationalisierung oder auch die Methode im engeren Sinne (Untersuchungsinstrument, statistische Auswertung etc.) sein.

Wenn man sich jetzt für eine der beiden Möglichkeiten als ursächlich für das falsifizierende Ergebnis entscheidet, geht man zwangsläufig mehr oder weniger stark von der Falschheit der jeweils anderen Möglichkeit aus (d.h. entweder Theorie oder Methode werden als richtig angenommen). Diese Entscheidung sollte jedoch nicht über das Unvermeidbare hinaus arbiträr sein. Als Entscheidungshilfe in dieser Situation könnte beispielsweise herangezogen werden, inwieweit sich bisher Theorie und/oder Methode in der Forschungs-praxis bewährt haben. Relativ ungeprüfte Komponenten wären dann eher als Fehlerursache anzusehen als solche, die bereits in mehreren Studien getestet und nicht falsifiziert worden sind.

Ein derartiger Rückgriff auf bereits Vorliegendes bereitet für unsere Studie jedoch einige Schwierigkeiten. Diese gründen sich zu einem großen Teil in dem Unterschied zwischen einer bivariaten und einer multivariaten Vorgehens-weise. Wie bereits in Abschn. 4.4 angesprochen wurde, sind wir der Auffas-sung, daß eine nur bivariate Analyse weder der Komplexität der Realität an-gemessen ist, noch zu einem Fortschritt in der Theoriebildung führt. Inso-fern ist der vorgestellte Forschungsansatz eine Weiterentwicklung, die aber, wenn sie sich nicht nur auf den formalen Apparat beschränken soll, der Aus-füllung durch eine angemessene Theorie bedarf. Dabei zwingt diese Vorgehens-weise zu einer Präzisierung der Theorie, die als fruchtbar zu bewerten ist. Solche Präzisierungsversuche erhellen meist sofort Unzulänglichkeiten oder sogar Fehler in der bisherigen Theorieformulierung, so daß oft, wie auch in dieser Studie, neue Variablen gesucht und zusätzliche Annahmen formuliert werden müssen.

Da in diesem Forschungsvorhaben der Versuch gemacht wurde, einige Anregungen und Ergebnisse für derartige Überlegungen bereitzustellen, ist die Suche nach den Ursachen für die Falsifikation der Annahmen in den Vorgehensweisen und Ergebnissen früherer Forschungen weniger erfolgversprechend. Wir wollen uns deshalb die einzelnen Bestandteile unserer Untersuchung nochmals daraufhin betrachten, inwiefern sie zum Zustandekommen der Ergebnisse beigetragen haben könnten bzw., wie diese unter der besonderen Perspektive des jeweiligen Forschungsabschnitts zu interpretieren sind.

5.1.1 Theoretischer Ansatz

Wir sind davon ausgegangen, daß sich in einem Prozeß doppelter Selektion der Aktionsraum einer Person aus dem "objektiven Stadtplan" herausbildet. Dieser Selektionsprozeß wird durch drei Arten von Faktoren bestimmt, die Merkmale der Person sind:
- kognitive Faktoren
- affektive Faktoren
- soziale Faktoren.

Die Variablen, die in unserer Untersuchung benutzt wurden, lassen sich ebenfalls in drei Gruppen einteilen, wonach folgende Dimensionen erfaßt wurden:
- der objektive Stadtplan der lokalen Umgebung der Person
- soziale (sozio-strukturelle) Merkmale der Person
- der Aktionsraum der Person.

Der Begriff "Aktionsraum" hat hier eine etwas geänderte Bedeutung als bisher in dieser Studie: Im Lauf der Darstellung ist sicherlich deutlich geworden, daß der Raum im geographischen Sinn nur eine Dimension der Tätigkeiten einer Person ist. Andere sind z.B. Aktivitätsart und -dauer bzw. -häufigkeit. Obwohl wir damit unserer eigenen Definition in Abschn. 2 widersprechen, ist an dieser Stelle mit dem Begriff Aktions"raum" eine mehrdimensionale Abbildung der Tätigkeiten einer Person gemeint, in der die räumliche Ausprägung nur ein Aspekt ist. Eine solche Betrachtungsweise scheint jedoch dadurch gerechtfertigt zu sein, daß einerseits sowohl die Darstellung des Stands der aktionsräumlichen Forschung in Abschn. 2 zeigt, daß auch bei einer ausdrücklich räumlichen Interpretation des Begriffs implizit andere Dimensionen angesprochen werden (z.B. die Häufigkeit), andererseits wohl weder die Theorie der aktions"räumlichen" Forschung noch die Möglichkeiten der praktischen Verwertbarkeit ihrer Ergebnisse (vgl. Abschn. 5.2) eine derartige eindimensionale Betrachtungsweise zulassen.

In unserer Untersuchung ist der überlokale objektive Stadtplan dadurch konstant gehalten worden, daß alle drei Siedlungen derselben Stadt entstammen. Deshalb kann man wohl davon ausgehen, daß Ausgangs- und Endpunkt des Selektionsprozesses (objektiver Stadtplan - Aktionsraum) erfaßt wurden. Die Bestimmungsfaktoren des Selektionsprozesses hingegen sind nur in einer Dimension, der sozialen, gemessen worden. Einzig für die Variable "Wohndauer" scheint es plausibel, ihr Beziehungen zu allen drei Faktoren zuzuordnen.

Unter dem Aspekt dieser Überlegungen erscheint es uns möglich, die Ergebnisse der multivariaten Analyse (Tab. 25) folgendermaßen zu interpretieren: Es zeigte sich, daß unsere Erklärungsmodelle eine unterschiedliche Varianzerklärung leisten. Wenn die Variablen dieser Modelle jedoch nur einen Teil der Bestimmungsfaktoren repräsentieren, so könnte dieses Ergebnis auf eine unterschiedliche Stärke der Einflüsse der Faktoren an den unterschiedlichen Wochentagen hindeuten. Für unsere Untersuchung hieße das, daß bestimmte Einflüsse, für die sozio-strukturelle Merkmale der Personen Indikatoren sind, die Gestaltung des Zeitbudgets am Werktag beeinflussen, diese am Sonntag jedoch fast ohne Wirkung sind, so daß auch die Indikatoren versagen müssen. Als Quelle dieser Einflüsse können wohl die Beziehungen der Personen zu ihrer sozialen Umwelt gelten, die ihren Tagesablauf durch bestimmte zeitliche Rhythmen und regelmäßige Verhaltenserwartungen am Werktag stark präformieren, also z.B. die Art der Arbeitstätigkeit.

Eine Falsifikation der Annahmen wäre demnach aus dieser eingeschränkten empirischen Überprüfung nicht ableitbar. Stattdessen ließe sich heuristisch eine Präzisierung der Theorie, und damit eine "bessere" Erklärung, in der Weise vorschlagen, daß der Aspekt des unterschiedlichen Gewichts der Einflüsse auf die Gestaltung des Aktionsraums an unterschiedlichen Wochentagen berücksichtigt werden muß. Ohne Berücksichtigung der psychologischen Variablen (d.h. kognitive und affektive Faktoren) scheint allerdings dieser Ansatz in keinem Fall zu einem befriedigenden Ergebnis zu führen.

Der Terminus "befriedigendes Ergebnis" ist hier allerdings in zweierlei Hinsicht zu bedenken: Zum einen ist damit das Ergebnis einer kausalen Erklärung gemeint. Gerade unter Berücksichtigung des Einflusses psychologischer Faktoren (hier besonders: Motivationen, Werthaltungen) stellt sich die Frage, ob es möglicherweise eine Grenze für empirisch-quantitative Verfahren gibt, die Entscheidung einer Person für eine bestimmte Verhaltensweise zu einem bestimmten Zeitpunkt als regelhaft erfahren und damit kausal interpretieren zu können. Mit anderen Worten: Welchen Erklärungsgehalt kann eine deduktiv-nomologische Theorie bei diesem Sachverhalt maximal erreichen? Von der Beantwortung dieser Frage hängt es ab, wie die aktuellen Erklärungen der Theorie unter dem Aspekt maximal erreichbarer Erklärungskraft zu beurteilen sind. Multivariate Studien, auch in anderen Objektbereichen der Soziologie, weisen durchgängig niedrige Varianzerklärungen auf. 25 % erklärte Varianz sind also beinahe "normal". Trotzdem scheint uns die Anwendbarkeit dieser Überlegungen gering zu sein, da sie aus folgenden Gründen zur Immunisierung von Theorien führen muß: Es gibt keine Begründung dafür, zu irgendeinem Zeitpunkt im Verlauf des Forschungsprozesses Unerklärtes für nichterklärbar zu deklarieren, mit anderen Worten, die vorliegende Theorie für nicht mehr verbesserungsfähig zu halten. Wir werden nie erkennen können, ob es eine solche Grenze menschlicher Erklärungsfähigkeit gibt, und wieweit wir uns ihr schon angenähert haben. Die Annahme des Erreichens dieser Grenze für eine spezifische Theorie muß, wenn sie nicht völlig folgenlos sein will, die Fruchtbarkeit des Forschungsprozesses einschränken.

Ein zweiter Aspekt, unter dem ein "befriedigendes Ergebnis" beurteilt werden kann, ist das Problem seiner Verwertbarkeit im Rahmen einer sozialtechnologisch orientierten Praxis. Dies läßt sich vielleicht an folgendem Beispiel verdeutlichen: Bei der Planung einer Neubausiedlung kann es möglich sein, im voraus (relativ vage) Vorstellungen über die sozio-strukturellen Merkmale der zukünftigen Bewohner zu erhalten, z.B. aufgrund der Vergabemodalitäten der Wohnungen. Falls eine Theorie über Aktionsräume jedoch erweisen sollte, daß eben diese Merkmale wenig zur kausalen Erklärung beitragen, sondern vielmehr psychologische Merkmale diesen Sachverhalt bestimmen, so könnte diese Theorie für den Planer von recht geringem Nutzen sein, wenn er über diese Merkmale im Planungsstadium keine Erkenntnisse gewinnen kann, und sie zudem einer planerischen Beeinflussung nicht zugänglich sind (vgl. Abschn. 5.2).

Eine weitere Ausgangsfrage unserer Studie war es, ob es Unterschiede in den Aktionsräumen der Bewohner von Stadtgebieten gibt, die in unterschiedlicher Entfernung zum Stadtzentrum gelegen sind. Variationen in den Aktionsräumen könnten, unseren Ausgangsüberlegungen zufolge, auf unterschiedliche Weise erklärt werden:

1. aufgrund bestimmter Merkmale des objektiven Stadtplans, z.B.
   einer Ungleichverteilung der Nutzungen und Gelegenheiten über
   die städtischen Teilgebiete,

2. aufgrund siedlungsspezifischer (d.h. lagespezifischer) Unterschiede im doppelten Selektionsprozeß "objektiver Stadtplan -
   Aktionsraum" (Restriktions-, Kompensations-, Verlagerungshypothese),

3. die unter (1) und (2) bezeichneten Einflüsse treten gemeinsam auf.

Der Zusammenhang dieser drei Erklärungsansätze mit der möglichen Variation
der Aktionsräume kann in folgender Weise dargestellt werden:

		Selektionsprozeß			
		nicht lagespezifisch		lagespezifisch	
Effekte der Nutzungsver- teilung im Stadtgebiet	ja	a	b	c	d
	nein	e	f	g	h
		gleich	ungleich	gleich	ungleich
		Aktionsräume			

Den drei Erklärungsversuchen können folgende Felder in dieser Tafel zugeord-
net werden:
Felder a und b zu (1), wobei Feld b die Bestätigung der Erklärung wäre,
Felder g und h zu (2), hier ist Feld h die Bestätigung,
Felder c und d zu (3), eine bestätigende Möglichkeit kann hier nicht ge-
   funden werden, da nicht geklärt ist, ob sich beide Einflüsse kom-
   pensieren oder nicht,
Felder e und f sind die Widerlegung aller drei Annahmen.

Die Studie hat nun gezeigt, daß sich die Aktionsräume der Bewohner, deren
Wohnstandorte nach der Lage im Stadtgebiet ja variieren, in der räumlichen
Dimension (Entfernung der Aktivitätsorte) unterscheiden, in anderen jedoch
nicht (Häufigkeit, Dauer). Interpretiert man einerseits diesen Unterschied
als einen Effekt der Nutzungsverteilung im Stadtgebiet, so bleibt andererseits zu fragen, warum sich dieser Einfluß nicht auch in der Differenz anderer Ausprägungen zeigt. Eine mögliche Antwort hierauf könnte Erklärungsansatz (2) geben, der eine Anpassung der Verhaltensweisen der Bewohner an
diesen Einfluß annimmt. Demnach würde, zusammenfassend, Erklärungsansatz (3)

richtig sein, der von der gleichzeitigen Wirkung beider Einflußarten ausgeht, die derart zusammenwirken, daß die Aktionsräume einerseits hinsichtlich bestimmter Merkmale ungleich, andererseits hinsichtlich anderer gleich
sind.

Es ist wünschenswert, ein Forschungsdesign zu entwickeln, daß diese Einflüsse getrennt voneinander darstellbar und meßbar macht. Als eine Möglichkeit zur Prüfung der Annahme (3) erscheint uns dabei die Untersuchung von
Verhaltens<u>änderungen</u> der Bewohner mit Hilfe einer Langzeituntersuchung, z.B.
bei Personen, die umgezogen sind, durch Vergleich ihres Verhaltens im alten
und neuen Wohngebiet.

5.1.2 Auswahl der Variablen, Operationalisierung

Es ist bereits einiges über die Auswahl der Variablen und ihrer Operationalisierung gesagt worden, das deshalb hier nicht wiederholt zu werden braucht.
Vielmehr wollen wir an dieser Stelle verstärkt auf ein methodologisches Problem eingehen, daß in dieser Phase jeder empirischen Untersuchung auftritt.

Bei der Präzisierung der zu untersuchenden Variablen und der Entwicklung da-
zugehöriger Meßinstrumente steht man im allgemeinen vor dem Problem, zu entscheiden, ob eine Variable direkt beobachtbar ist, und wenn nicht, inwieweit
beobachtbare Indikatoren für diese Variable gefunden werden können. Dieses
Problem wird in der Literatur in zwei großen Themenkreisen analysiert:
1. die Zweistufentheorie der Wissenschaftssprache,
2. mathematische und erkenntnistheoretische Probleme bei der Analyse
   von Kausalmodellen mit unbeobachteten Variablen und beobachteten
   Indikatoren.
Es wäre in dieser Arbeit verfehlt, auch nur einen kurzen Überblick über die
in diesen Diskussionen angesprochenen Probleme geben zu wollen. Wir werden
deshalb hier nur die uns in diesem Zusammenhang interessierenden Auffassun-
gen sehr vereinfacht und kurz darstellen, im übrigen verweisen wir den Leser
auf zusammenfassende Darstellungen wie z.B. OPP(1976d) oder STEGMÜLLER (197o)
zum Problem (1), zu (2) z.B. auf die Arbeit von TUOMELA (1973) oder COSTNER &
LEIK (1964) und COSTNER (1969) (beide auch in BLALOCK 1971). Die Konzeption
der Zweistufentheorie der Wissenschaftssprache (Zweisprachentheorie) geht
davon aus, daß die Begriffe einer empirischen Theorie unter dem Kriterium
der Beobachtbarkeit (d.h. im Normalfall: direkte Meßbarkeit) in zwei Teil-
mengen zerlegt werden kann:

148

  - die nicht direkt beobachtbaren theoretischen
    Begriffe (Konstrukte)
    und
  - die direkt beobachtbaren empirischen Begriffe
    (Indikatoren).

Auch eine empirisch gehaltvolle Theorie behauptet demnach in ihrer allge-
meinsten Formulierung zuerst einmal nur etwas über die Beziehungen zwischen
Konstrukten. Deren Eigenschaft, nicht direkt beobachtbar zu sein, hat zur
Folge, daß Aussagen dieser Art nicht (vollständig) verstehbar (verstehbar
im semantischen Sinn gebraucht) und damit auch empirisch nicht prüfbar sind.
Um diesen Mangel zu beseitigen, werden die Konstrukte durch Zuordnungsregeln
(Korrespondenzregeln) mit direkt beobachtbaren Begriffen verbunden, um durch
diese Beziehung einen empirischen Gehalt, sozusagen indirekt, zu erhalten.
Dieses Vorgehen ist jedoch nicht unproblematisch: Womit kann die Auswahl
der Indikatoren begründet werden, mit denen man die Konstrukte verknüpft?
Kann die Richtigkeit dieser Auswahl festgestellt werden?

An einem Beispiel aus unserer Studie können beide Fragestellungen verdeut-
licht werden:
Die Bestimmung des sozio-ökonomischen Status der befragten Person wurde von
uns durch die Messung der Indikatoren Haushaltseinkommen, Schulbildung und
Stellung im Beruf vorgenommen. Wie bereits angesprochen, ist diese Vorgehensweise in mehr oder weniger ähnlicher Form in der Literatur immer wieder nach-
zulesen. Trotzdem muß man sich darüber im klaren sein, daß diese Auswahl auf
Annahmen beruht. Diese Annahmen können definitorischer Art sein (explizite
Definition, partielle Definition, vgl. hierzu z.B. OPP 1976 a), man kann sie
aber auch als empirisch überprüfbare Hypothesen auffassen (vgl. zu dieser
Diskussion OPP 1976 b und die dort angegebene Literatur sowie SCHMIDT 1977).

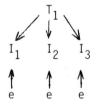

Beispiel: Konstrukt T_1 mit drei Indikatoren I_1, I_2 und I_3 und einer Fehler-
         größe e für jeden Indikator

Der in dem oben gezeigten Beispiel in allgemeinen Begriffen dargestellte
Zusammenhang kann für das Problem der SES-Messung folgendermaßen "übersetzt"
werden: Dem Konstrukt T_1 entspricht die nicht direkt beobachtbare Variable
SES, die drei Indikatoren I_1 bis I_3 sind die direkt beobachtbaren Größen
Haushaltseinkommen, Schulbildung und Stellung im Beruf. Eine analytische
Auffassung der Beziehung zwischen Indikator und Konstrukt geht nun davon
aus, daß es keine Meßfehler gibt und sich die drei gemessenen Werte der
Indikatoren durch eine bestimmte, meist mathematische Verknüpfung (in unserer Studie waren dies Addition und Gleichgewichtung der Indikatoren) zu ei-
nem "wahren" Wert des Konstrukt zusammenfügen lassen.

Werden hingegen Meßfehler zugelassen, so bedeutet dies die Annahme, daß
die theoretische Variable nur teilweise den Wert jedes einzelnen Indika-
tors "erklärt", es aber auch andere Einflußgrößen auf diesen gibt (z.B.
systematische Meßfehler, Einfluß von Drittvariablen etc.). Mit Hilfe mathematischer Modelle kann, dieser Annahme folgend, versucht werden, die beobachteten Zusammenhänge zwischen den Indikatoren auf systematische Einflüsse
durch nicht direkt gemessene Variablen hin zu zerlegen und damit die Annahmen der Korrespondenzregeln empirisch zu überprüfen[1].

Schon diesen wenigen Bemerkungen kann man wohl entnehmen, daß wir in unserer
Studie von analytischen Beziehungen zwischen den Indikatoren und den Konstrukten ausgegangen sind. Inwieweit die Annahme solcher Beziehungen plausibel erscheinen oder von uns hinreichend begründet worden sind, mag jeder
selbst entscheiden. Wir sind allerdings im nachhinein der Meinung, daß zumindest die komplexeren Variablen, die also aus mehreren Indikatoren gebildet wurden (Beispiele hierfür sind SES, die Zeitanteile der Aktivitäten,
der Heterogenitätsindex), sehr kritisch betrachtet werden sollten. Es sind
hier genügend mögliche Fehlerquellen vorhanden. Zukünftige Studien sollten
deshalb verstärkt die Ergebnisse der Konstrukt-Indikator-Diskussion berücksichtigen, um die Operationalisierung der Variablen begründeter und/oder
prüfbarer vornehmen zu können.

---

1) Ein Verfahren hierfür, daß auch als EDV-Programm verfügbar ist, wäre
LISREL (JÖRESKOG & van THILLO 1973). Eine einführende Programmbeschreibung
auf deutsch ist bei WEEDE (1977) zu finden.

5.1.3 Statistische Verfahren

Die von uns gewählte Methode der Analyse ordinaler Daten mittels der Pfadanalyse folgt einem Vorschlag von SMITH (1972, 1974)[1]. Dabei wird angenommen, daß auf die Bedingungen der metrischen Skalenqualität und der Linearität der Beziehungen zwischen den Variablen verzichtet werden kann. In seiner Kritik dieser Vorgehensweise hat KIM (1975) darauf hingewiesen, daß dabei möglicherweise falsche Koeffizienten errechnet werden und die kausale
Struktur des vorgegebenen Modells nicht prüfbar ist. Allerdings tritt auch
er im Rahmen eines etwas anderen Verfahrens für die Verwendung der Pfadanalyse auch bei ordinaler Skalenqualität ein[2].

Uns scheint, daß der gegenwärtige Stand der Diskussion dazu zwingt, eine
Entscheidung bezüglich folgender Frage zu treffen: In welchem Ausmaß können Mängel bzw. Fehler bei der Anwendung mathematischer Modelle zur Daten-
analyse inkauf genommen werden, wenn gleichzeitig die Formulierung und Überprüfung empirischer Hypothesen gefördert wird?

Es kann aber auch nur Ausdruck des wissenschaftlichen Pluralismus sein,
unsere Vorgehensweise durch Retests und/oder die Anwendung alternativer
Konzepte zu überprüfen und weiterzuentwickeln. Dieser Hinweis soll gleichzeitig eine Relativierung unserer Ergebnisse wie eine Aufforderung zu wei-
terer Forschung sein.

Obwohl die Uneinigkeit in der Literatur über die Beurteilung der auch von
uns verwendeten Analyseform ordinaler Daten auf einer grundlegenden Problematik beruht und durch die folgenden Bemerkungen nicht oder nur kaum
betroffen ist, ergaben sich doch bei der statistischen Auswertung unserer
Studie einige bemerkenswerte Ergebnisse, die direkt vergleichbar mit anderen Publikationen sind.

---

1) Als vergleichende Darstellung mehrerer Methoden bei der Analyse von
Ordinaldaten kann HUMMELL & ZIEGLER (1976, S. E 86 ff) herangezogen
werden.

2) Eine weitere Kritik dieser Vorgehensweise findet sich bei WILSON
(1971, 1974 a, 1974 b).

So berichtet ALLERBECK (1978) über einen Vergleich von Zusammenhangs-
maßen, bei dem sich zeigte, daß die Korrelationskoeffizienten Kendall's
Tau-B und der Pearson'sche Produkt-Moment-Korrelationskoeffizient (ProdM)
für dieselben Daten hoch miteinander korrelieren (ProdM = .99/ Tau-B =
.92). Für unsere Studie ergibt sich bei diesem Vergleich ein Zusammenhang
von ProdM = .98.

Die bei einem Vergleich der beiden Koeffizientenarten beobachtete Tendenz,
daß ProdM im allgemeinen einen höheren numerischen Wert annimmt als Tau-B,
hat ihre Auswirkungen auch auf die Pfadkoeffizienten: der auf der Basis
von ProdM errechnete Pfadkoeffizient ist in der Regel höher.

Ein Gütekriterium für Kausalmodelle, das wir bisher noch nicht geprüft haben, ist die Anpassung der Modelle an die Daten. Damit ist folgendes gemeint: Wenn ein Kausalmodell "richtig" ist, dann müssen sich aus seiner
Struktur die in der Stichprobe vorgefundenen Korrelationen rekonstruieren
und berechnen lassen. Je geringer die Differenz zwischen den errechneten
und den tatsächlichen Werten ist, desto besser erfüllt das Modell dieses
Gütekriterium. Einschränkend muß allerdings dazugesagt werden, daß abhängig
von der Komplexität des Modells jeweils eine Anzahl anderer denkbar sind,
die dieses Kriterium ebensogut erfüllen.

Einen ersten Schritt zur Prüfung der Datenanpassung der Modelle haben wir
oben bereits getan: die Berechnung der "totalen kausalen Effekte". Der
Rechengang bei der Prüfung des "Anpassungskriteriums" folgt nämlich einer
Vorgehensweise, die in der Literatur häufig unter dem Betriff "Zerlegung
der Effekte" behandelt wird. Dabei werden, vereinfacht ausgedrückt, die
bivariaten Korrelationen zwischen Variable n in kausal bedingte und nicht
kausal bedingte Anteile zerlegt. Da in dieser Studie keine genauere Darstellung dieser Methode gegeben werden kann, verweisen wir für weitere
Informationen nochmals auf die Darstellung bei OPP & SCHMIDT (1976, S. 147ff).

Von den 85 bivariaten Korrelationen unserer Modelle werden 15 (= 17,6%)
nur zu einem Teil durch die Kausalstruktur der Modelle erklärt. Bei ihnen
ergibt sich zwischen den tatsächlichen und den errechneten Korrelationskoeffizienten eine Differenz von mindestens .o5. In vier Fällen (= 4,7 %)
beträgt dieser Unterschied sogar mindestens .1o (s. Anhang C). Eine Bewer-
tung dieser Ergebnisse kann jedoch nicht eindeutig sein, da die Entscheidung dem jeweiligen Forscher überlassen bleibt, welche Differenz er für

noch zulässig halten will und welche nicht. Allerdings erscheint uns eine
Diskussion hierüber in Bezug auf unsere Ergebnisse müßig zu sein, da, wie
bereits erwähnt, ein Großteil der Pfade falsifiziert wurde (= 64,7 %), d.h.
der direkte kausale Effekt dieser Pfade (der Pfadkoeffizient) ist jeweils
kleiner .1o, und die Betrachtung der Datenanpassung eines falsifizierten
Modells schließlich zu keinen sinnvollen Ergebnissen führen kann, da das
"Anpassungskriterium" eben nur eine notwendige, aber keine hinreichende Bedingung für die "Richtigkeit" eines Kausalmodells ist.

5.2 Folgerungen für die Planung

Planerische Aussagen sind vom Stand vorliegender wissenschaftlicher Theorien abhängig, sollen sie nicht nur intuitiv und/oder ad hoc getroffen werden. Das eingangs formulierte aktionsräumliche Forschungsprogramm verspricht
solche Theoriebasis, wenngleich von ihm erst Teile bearbeitet sind. Auch die
hier vorgelegte Studie hatte vorwiegend die Aufgabe, jenes Programm zu präzisieren, einige der Hypothesen strenger zu formulieren, und sie zu überprüfen. Es sind jedoch aufgrund der im vorangegangenen Abschnitt genannten
Mängel von ihr nur in begrenztem Maß Aussagen zu erwarten, die als Grundlage
für planerische Entscheidungen dienen können, sprich: technologische Aussagen, die auf bewährten Hypothesen beruhen.

In welcher Weise kann die städtebauliche Planung die Art und Verteilung der
Aktivitäten im Stadtgebiet beeinflussen? Dies ist wohl die grundlegende Frage, auf die aus den Ergebnissen der Studie zumindest einige Antworten gefunden werden müssen, wenn sie dieser Aufgabe gerecht werden will.

Das Ziel einer Planung in diesem Problembereich kann wohl nur darin bestehen, "Angebote" zur Aktivitätsausübung zu machen. Ein solches Angebot setzt
sich zusammen aus: 1. der Bereitstellung einer Fläche (bei gegebener GFZ:
eines Raumes) als der Nutzung im städtebaulichen Sinne; 2. deren materieller
Ausstattung, der hierauf nach BNVO zulässigen Gelegenheiten; 3. der Zugäng-
lichkeit (verkehrliche Anbindung, Öffnungszeiten) für die betroffenen Personen
gruppen.

Die Bedeutung dieser Merkmale für Art und Verteilung der Aktivitäten ist demnach anhand unserer Ergebnisse zu prüfen. Entsprechend der eingangs festge-
legten Unterscheidung zwischen "Nutzung" und "Gelegenheit" (vgl. Abschn. 2.1)
besteht allerdings das Problem, daß der Planer normalerweise eher auf die
Vorgabe der noch recht groben Kategorien des Flächennutzungsplanes angewie-

sen ist, als daß er Detailplanung in den Bereich der Gelegenheiten hinein vornehmen könnte, indem er z.B. ihre Ausstattung festlegt. D.h. der Planer kann durch die Festlegung der Flächen nur in begrenztem Umfang die Art der hierauf zu errichtenden Gelegenheiten beeinflussen und dann noch weniger die in den Gelegenheiten ausgeübten Aktivitäten (eine der Ausnahmen sind Arbeitsstätten). Eine planerische Steuerung der Aktivitäten ist demnach nur sehr indirekt und damit sehr begrenzt möglich über die Flächennutzungs- bzw. Bebauungsplanung. (Vgl. ausführlich: FRIEDRICHS 1977, S. 94 ff) Dies muß berücksichtigt werden, will man die Ergebnisse über den Zusammenhang zwischen Gelegenheiten und Aktivitäten anwenden.

In welchem Ausmaß reagieren die Bewohner auf die "Angebote"? Betrachtet man die Aktivitäten insgesamt, so besteht eine hohe Ähnlichkeit bei den Befragten der drei Siedlungen. Es sind offenbar eher Merkmale der Personen als solche der Lage und Ausstattung der Siedlung, die die Variation der Verhaltensweisen erklären. Die Aktionsräume außerhalb der Siedlung werden am Werktag vor allem durch die Erwerbstätigkeit, genauer: durch den Ort der Arbeitsstätte bestimmt. Alle anderen Tätigkeiten werden selten ausgeübt. Dieses Ergebnis, ein hoher Anteil von Aktivitäten in der Wohnung/ im Haus, stimmt mit den Befunden zahlreicher Forschungen über die Zeitbudgets von Personen überein. Die Variationsbreite der Aktivitäten ist am Sonntag größer als am Werktag, aber auch hierin unterscheiden sich die Bewohner der drei Siedlungen nicht.

Während die Lage der Siedlung keinen Einfluß auf das Ausmaß der Aktivitäten (Zahl und Heterogenität) außerhalb der Wohnung hat, variieren die Aktionsräume deutlich in Beziehung zu diesem Merkmal: Je weiter die Siedlung von der Stadtmitte entfernt ist, desto entfernter sind auch die Aktivitätsorte vom Wohnstandort. Auffällig ist dabei, daß sich die Bewohner von Berner Park und Wildschwanbrook in der Entfernung der Aktivitätsorte und im Ausmaß der Aktivitäten nicht so deutlich unterscheiden, wie es die unterschiedlichen Entfernungen der Siedlungen von der Stadtmitte (gemessen über Kilometer, ÖPNV- und PKW-Fahrzeiten) vermuten lassen. Vermutlich ist es ab einer gewissen Distanz zum Oberzentrum gleichgültig, wie weit man fährt, wenn man ohnehin fahren muß. Die Bewohner peripherer Wohnstandorte schränken ihre Aktivitäten demnach nicht ein, sondern sie kompensieren Distanz.

Dieser Sachverhalt wird durch den Effekt der PKW-Verfügung bestätigt: Bewohner, die über einen PKW verfügen, üben länger Aktivitäten außerhaus aus, zudem sind die Aktivitätsorte weiter entfernt. Aber: sie üben nicht mehr

und nicht verschiedenartigere Tätigkeiten aus als Personen, die nicht über
einen PKW verfügen können.

Die Lasten für einen peripheren Wohnstandort tragen demnach die Bewohner
durch ihre Aufwendungen für PKW und Fahrzeit. Diese Ergebnisse führen zu
dem Schluß, daß weder die Lage der Siedlung noch ihre Ausstattung einen
Effekt auf Dauer und Art der Aktivitätsausübung außerhalb der Wohnung haben.
Beide Merkmale könnten also beliebig planerisch variiert werden, da die Bewohner schon Mittel und Wege finden werden, die Distanz zu ihren Aktivitätsorten zu überwinden.

Eine solche Interpretation ist sicherlich aufgrund der Ergebnisse zulässig,
sie berücsichtigt allerdings weder die individuellen Kosten der Entfernungs-
kompensation noch die Tatsache, ob die Bewohner mit diesem Zustand zufrieden
sind, da wir hiernach in der Studie nicht gefragt haben. Auch können wir aufgrund unserer Stichprobe nicht beurteilen, welche Effekte die Lage und Ausstattung der Siedlung auf die Aktivitäten von Jugendlichen und älteren Personen hat.

Zur Interpretation der Befunde sollte indessen ein weiteres Ergebnis herangezogen werden: Es ist auffällig, daß die Bewohner der citynahen und gut
ausgestatteten Siedlung Hexenberg werktags wie sonntags mehr Aktivitäten
lokal ausüben. Auch die Arbeitsstätten liegen näher an ihrem Wohnstandort.
Wenn also die Möglichkeit besteht, Aktivitäten nahe am Wohnstandort auszuüben, so wird dies auch genutzt. Anders betrachtet: Wenn die Ausstattung
der Wohnungsumgebung vielfältig ist, werden die Bewohner weite Reisen ver-
meiden, ihr Aktionsraum wird kleiner, sie benutzen einen kleineren Teil der
Stadt(region).

Diese Überlegungen werden durch die Ergebnisse über den Besuch der Zentren
gestützt: Die Verteilung der Besuchshäufigkeit von Zentren unterschiedlicher Lage im Stadtgebiet und Distanz zum Wohnstandort zeigt, daß die Bewohner aller Siedlungen die nahen Zentren dem fernen Oberzentrum vorziehen, obgleich noch immer Unterschiede in der Zahl und Art des Waren- und Dienst-
leistungsangebotes bestehen dürften.

Die Ergebnisse lassen sich für planerische Zwecke nun folgendermaßen zusammenfassen: Eine gute Ausstattung der Siedlung und ihrer Nahumgebung mit
Gelegenheiten kann einen Teil des Aktivitätspotentials der Bewohner an die-

ses Gebiet der Stadt(region) binden. Sie verstärkt jedoch nicht spürbar
die Aktivitätsbereitschaft der Personen. Weder in Hinblick auf die Aktivitätsdauer, - hier wirken sich Erwerbstätigkeit und die Möglichkeit der
PKW-Nutzung positiv aus -, noch in Hinblick auf die Vielfalt der Tätigkeiten, die vor allem durch die Erwerbstätigkeit und den sozialen Status
positiv beeinflußt werden. Das Ziel der Städteplaner, durch eine gute lokale Ausstattung mit Gelegenheiten eine Belebung der Wohngebiete herbeizu-
führen, wird zwar auf diesem Wege nicht völlig verfehlt, aber dieses Mittel erreicht nur unbedeutend jene Personengruppen, die erwerbstätig sind,
die über einen PKW verfügen können, und die einen höheren sozialen Status
innehaben, - alles sozio-strukturelle Merkmale der Personen, auf die der
Planer kaum Einfluß haben dürfte.

Betrachtet man an dieser Stelle abschließend die Varianzerklärungen, die
unsere Variablen leisten, so zeigt sich, daß maximal 1/4 der Variation
der Verhaltensweisen durch sie erklärt werden kann,   häufig ist diese
Zahl noch wesentlich niedriger. Dies bedeutet aber, daß die hier verwendeten Merkmale im Planungsprozeß weder als Zielgrößen noch als Mittel der
Zielerreichung besonders erfolgversprechend eingesetzt werden können, - zumindest in bezug auf die eingangs dieses Abschnitts formulierte Fragestellung über den Zusammenhang zwischen Gelegenheiten und Aktivitäten.
Hierbei ist zu beachten, daß wir gerade jene Merkmale zur Erklärung der
Aktivitätsorte einbezogen haben, die von Sozialwissenschaftlern üblicherweise vorgeschlagen und verwendet werden, wie die Darstellung im Kap. 1
zeigt.

Eine letzte Überlegung richtet sich auf die Entfernung der einzelnen Aktivitäten vom Wohnstandort. Für alle drei Siedlungen zusammen ergibt sich
folgende Rangordnung für die Aktivitätskategorien (Tab. 28):

Tabelle 28:

Rangfolge der Aktivitäten nach Entfernungszonen
(alle Siedlungen, nur Aktive, Mittelwerte)

Werktags		Sonntags	
Einkaufen	1,7	Einkaufen	1,6
kulturelle Veranstaltung	1,7	Politische Veranstaltung	2,0
öffentl. Dienstleistung	2,0	Private Dienstleistung	2,1
Sport, Erholung	2,0	Sport, Erholung	2,4
Private Dienstleistung	2,2	Arbeit	2,5

Politische Veranstaltung	2,2	Öffentl. Dienstleistung	2,7
Reisen, Besuche	2,7	Bildung, Ausbildung	3,0
Arbeit	3,0	Kulturelle Veranstaltung	3,3
Bildung, Ausbildung	3,1	Reisen, Besuche	3,8

$$r_s = .33$$

Interpretiert man diese Rangfolge als eine der notwendigen Nähe der Gelegenheiten, so sind die Einkaufsstätten und die Einrichtungen öffentlicher Dienstleistungsbetriebe am nächsten, Arbeitsstätten und Gelegenheiten zur Aus- und Weiterbildung am entferntesten vom Wohnstandort zu lokalisieren. Die Kategorie "Reisen, Besuche" umfaßt einerseits Einrichtungen für Freizeitaktivitäten, also Gelegenheiten, andererseits die Wohnorte von Freunden, Bekannten und Verwandten, die offenbar in großem Maß über die Stadt verstreut sind.

Tabelle 29:

Rangfolge der Aktivitäten nach Entfernungszonen

(nur Aktive, Mittelwerte)

HEX		BP		WSB	
Einkaufen	1,4	Einkaufen	1,8	Einkaufen	1,9
Sport (werktg.)	1,5	Sport (werktg.)	1,9	Sport (werktg.)	2,3
Priv. Dienstl.	1,8	Priv. Dienstl.	2,1	Priv. Dienstl.	2,6
Sport (sonntg.)	1,9	Sport (sonntg.)	2,4	Sport (sonntg.)	2,7
Arbeiten	2,1	Reisen (werktg.)	2,8	Reisen (werktg.)	2,8
Reisen (werktg.)	2,2	Arbeiten	3,1	Arbeiten	3,4
Reisen (sonntg.)	2,8	Reisen (sonntg.)	3,9	Reisen (sonntg.)	3,9

Die Daten für jede einzelne Siedlung (Tab. 29; vgl. Tab. 18) zeigen jedoch, daß sich aus solchen Rangfolgen keine städtebaulichen Normen gewinnen lassen, sondern daß vielmehr die Aktivitäten resp. Orte der Gelegenheiten nach der Lage des Wohnstandorts unterschiedlich weit entfernt sind. Inwieweit dieses Verhalten der Personen durch die Verteilung der Gelegenheiten im Stadtgebiet "erzwungen" wurde, und wie groß die Zufriedenheit der Bewohner mit dieser Situation ist, ist von uns nicht geprüft worden. Es bleibt demnach näher zu untersuchen, für welche Personengruppen mit welchen Wohnstandorten welche Gelegenheiten in einer bestimmten Distanz zum Wohnstandort lokalisiert werden müssen.

LITERATURVERZEICHNIS

Abkürzungen

AJS	American Journal of Sociology
ASR	American Sociological Review
HiZ	Hamburg in Zahlen
JAIP	Journal of the American Institute of Planners
KZfSS	Kölner Zeitschrift für Soziologie und Sozialpsychologie
SF	Social Forces
ZfS	Zeitschrift für Soziologie

ALLERBECK, K.,1978: Meßniveau und Analyseverfahren - Das Problem "strittiger Intervallskalen". ZfS 7, 199 - 214.

APPLEYARD, D.,197o: Styles and Methods of Structuring a City, Environment and Behavior II, 1oo - 117.

BECKER, H.,1977: Tagesläufe und Tätigkeitenfelder von Bewohnern. In: BECKER & KEIM 1977.

BECKER, H. & KEIM, K.D. (Hg.) 1977: Gropiusstadt: Soziale Verhältnisse am Stadtrand. Stuttgart.

BERGMANN, J.,u.a.,1969: Herrschaft, Klassenverhältnis und Schichtung. In: Spätkapitalismus oder Industriegesellschaft. Stuttgart.

BILLERBECK, R., 1975: Stadtentwicklungspolitik und soziale Interessen: Zur Selektivität öffentlicher Investitionen. In: R.R. GRAUHAN (Hg.): Lokale Politikforschung. Bd. 2. Frankfurt/M.

BISCHOF, N., 1974: Psychophysik der Raumwahrnehmung. In: GOTTSCHALDT u.a., 1974.

BLALOCK, H.M. (ed.), 1971: Causal Models in the Social Sciences. Chicago.

BLASS, W., 1978: Zeitbudget - Keine Zeit für Soziologie. Methodologische und methodische Probleme der Zeitbudgetforschung. Hamburg, Diss. Phil.

BOUSTEDT, O., 1973: Die bauliche und soziographische Struktur der großen Neubaugebiete in Hamburg. HiZ, Heft 9, 293 - 3o3.

BUCH, D., 1975: Die Apotheken in Hamburg. HiZ, Heft 1o, 259 - 263.

CHAPIN, F.S., 1974: Human Acticity Patterns in the City. New York.

CHAPIN, F.S. & FOERSTER, J.F., 1975: Teenager Activity Patterns in Low-Income Communities. In: MICHELSON 1975 a.

CHAPIN, F.S., & HIGHTOWER, H.C., 1965: Household Activity Patterns and Land Use. JAIP 31, 222 - 231.

COSTNER, H.L., 1969: Theory, Deduction, and Rules of Correspondence. AJS 75, 245 - 263 und in: BLALOCK 1971.

COSTNER, H.L., & LEIK, R.K., 1964: Deduction from "Axiomatic Theory". ASR 29, 819 - 835 und in: BLALOCK 1971.

CULLEN, I.G., 1975: The Redistribution Effects of Time and Space. In: MICHELSON 1975 a.

DITTRICH, G.G. (Hg.), 1974: Menschen in neuen Siedlungen. Nürnberg.

DOWNS, R.M., & STEA, D. (eds.), 1973: Image and Environment. Cognitive Mapping and Spatial Behaviour. Chicago.

DOWNS, R.M., & STEA, D., 1977: Maps in Minds. New York.

DÜRR, H., 1972: Empirische Untersuchungen zum Problem der sozialgeographischen Gruppe: der aktionsräumliche Aspekt. In: Bevölkerungs- und Sozialgeographie. Kallmünz-Regensburg: Münchener Studien z. Sozial- und Wirtschaftsgeographie, Bd. 8.

ELLIOTT, D.H., & CLARK, S., 1975: The Spatial Context of Urban Activities: Some Theoretical, Methodological and Policy Considerations. Halifax: Regional and Urban Studies Centre. Unveröff. Manuskript.

ELLIOTT, D.H., HARVEY, A.S., & PROCOS, D., 1973: An Overview of the Halifax Time - Budget Study. Halifax: Regional and Urban Studies Centre. Unveröff. Manuskript.

FNP 73, 1973: Flächennutzungsplan der Freien und Hansestadt Hamburg - Erläuterungsbericht. Hamburg.

FOLEY, D.L., 1950: The Use of Local Facilities in a Metropolis. AJS 56, 238 - 247.

FOLEY, D.L., 1972: Accessibility for Residents in the Metropolitan Environment. Berkeley, Calif.: Working Paper No. 2oo.

FREIST, R., 1977: Sozialgeographische Gruppen und ihre Aktivitätsräume. München: Diss. Geogr. Inst.

FRIEDRICHS, J., 1973: Methoden empirischer Sozialforschung. Reinbek.

FRIEDRICHS, J., 1977: Stadtanalyse. Reinbek.

GOLLEDGE, R.G., & ZANNARAS, G., 1973: Cognitive Approaches to the Analysis of Human Spatial Behavior. In: ITTELSON 1973.

GOTTSCHALDT, K., u.a., (Hg.), 1974: Handbuch der Psychologie. Bd. 1.1: Wahrnehmung und Bewußtsein. Göttingen, 2. A.

GRAUMANN, C.-F., 1974: Nicht-sinnliche Bedingungen des Wahrnehmens. In: GOTTSCHALDT u.a. 1974.

HAACK, A., & JACOBS, B., 1977: Hamburg St. Georg. Strukturanalyse und Strukturplanung eines citynahen Gebiets. Hamburg: Hochsch. f. Bild. Künste, Projektarbeit.

HÄGERSTRAND, T., 197o: What about People in Regional Science? Regional Science Ass. Papers 24, 7 - 21.

HANSEN, W.G., 1959: How Accessibility Shapes Land Use. JAIP 25, 73 - 76.

HARVEY, A.S., 1976: Urban Modelling and Time Budgets: A Behavioural Framework. Halifax: Regional and Urban Studies Centre. Unveröff. Paper prepared for the 23. Annual Conference North American Regional Science Association, Toronto.

HARVEY, A.S., et al, (eds.), 1977: Cross National Time Budget Analysis: A Workbook. Halifax: Institute of Public Affairs. Unveröff. Manuskript.

HEIDEMANN, C., & STAPF, K.H., 1969: Die Hausfrau in ihrer Städtischen Umwelt. Braunschweig.

HEIL, K., 1971: Kommunikation und Entfremdung. Stuttgart - Bern.

HEMPEL, W., 1977: Zeitbudgets, Aktivitäten und Aktionsräume der Bewohner zentral und nichtzentral gelegener Neubau-Siedlungen. Hamburg: Institut f. Soziologie. Unveröff. Diplomarbeit.

HERLYN, U., (Hg.), 1974 a: Stadt- und Sozialstruktur. München.

HERLYN, I., & HERLYN, U., 1976: Wohnverhältnisse in der BRD. Frankfurt/M.

HERLYN, U., u.a., 1974: Vorstudie zum Forschungsprojekt: Ausmaß, Entstehung, Auswirkungen und Abbau lokaler Disparitäten hinsichtlich infrastruktureller Versorgungsniveaus und Bevölkerungszusammensetzung. Göttingen. Unveröff. Manuskript.

HORTON, F.E., & REYNOLDS, D.R., 1971: Effects of Urban Spatial Structure on Individual Behavior, Econ. Geogr. 47, 36 - 48.

HUMMELL, H.J., & ZIEGLER, R., (Hg.), 1976: Korrelation und Kausalität. Bd. 1. Stuttgart.

ITTELSON, W., (ed.), 1973: Environment and Cognition. New York.

JÖRESKOG, K.G., & VAN THILLO, M., 1973: LISREL - A General Computer Program for Estimating a Linear Structural Equation System Involving Multiple Indicators of Unmeasured Variables. Uppsala, Research Report 73 - 5.

KIEHL, K., 1978: Die Benutzun g von Wohnungen. Hamburg : Institut für Soziologie. Unveröff. Diplomarbeit.

KIM, J.-O., 1975: Multivariate Analysis of Ordinal Variables. AJS 81, 261 - 298.

KLEINING, G., & MOORE, H., 1968: Soziale Selbsteinstufung. KZfSS 2o, 5o2 - 552.

KLINGBEIL, D., 1976: Aktionsräume im Verdichtungsraum München. München: TU, Diss. rer. nat.

KORFMACHER, J., 1972: Zur gegenwärtigen Situation der städtischen Versorgung. In: H. KORTE, (Hg.): Soziologie der Stadt München.

KUTTER, E., 1972: Demografische Determinanten städtischen Personenverkehrs. Braunschweig: Institut f. Stadtbauwesen.

KUTTER, E., 1973: Aktionsbereiche des Stadtbewohners. Archiv f. Kommunalwiss. 12, 69 - 85.

LANGENHEDER, W., 1975: Theorie menschlicher Entscheidungshandlungen. Stuttgart.

LINDSAY, J.J., & OGLE, R.A., 1972: Socioeconomie Patterns of Outdoor Recreation Use Near Urban Areas. J. Leisure Research 4, 19 - 24.

LOGON GmbH., 1977: Freizeitverhalten außer Haus. Bonn - Bad Godesberg: Schriftenreihe "Städtebauliche Forschung" des BMBau.

LÜDTKE, H., 1973: Bauform und Wohnverhalten. Hamburg: GEWOS - Schriftenreihe.

MARDEN, P.G., 1966: A Demographic and Ecological Analysis of the Distribution of Physicians in Metropolitan America, 196o. AJS 52, 29o - 3oo.

MAYNTZ, R., HOLM, K., & HÜBNER, P., 1969: Einführung in die Methoden empirischer Soziologie. Opladen.

MICHELSON, W., (ed.), 1975 a: Time-Budgets and Social Activity. Vol. I. Univ. Toronto: Centre for Urban and Community Studies. Major Report No. 4.

MICHELSON, W., 1975 b: A Conceptual Introduction to the Use of the Time-Budget for the Purpose of Physical Planning. In: MICHELSON 1975 a.

MICHELSON, W., 1977: Environmental Choice, Human Behavior, and Residential Satisfaction. New York.

OPP, K.-D., 1972: Verhaltenstheoretische Soziologie. Reinbek.

OPP, K.-D., 1976 a: Methodologie der Sozialwissenschaften. Reinbek, 5. verm. A.

OPP, K.-D., 1976 b: Theoretische Begriffe, Beobachtungsbegriffe und Kausalanalyse. Soziale Welt 27, 139 - 143.

PEET, R.K., 1974: The Measurement of Species Diversity. In: R.F. JOHNSON et al. (eds.): Annual Review of Ecology and Systematics, Vol. 5, 139 - 143, Palo Alto, Calif.

PROFITOPOLIS: oder: Der Mensch braucht eine andere Stadt. 1972. München: Staatl. Museum f. angew. Kunst.

v. ROSENBLADT, B., 1969: Tagesläufe und Tätigkeitssysteme. Soziale Welt 2o, 49 - 79.

SCHEUCH, E.K., 1972: The Time-Budget Interview. In: SZALAI 1972.

SCHEUCH, E.K., & DAHEIM, H., 1961: Sozialprestige und soziale Schichtung. In: D.V. GLASS & R. KÖNIG (Hg.): Soziale Schichtung und soziale Mobilität. (= Sonderheft 5 der KZfSS). Köln - Opladen.

SCHMIDT, P., 1977: Zur praktischen Anwendung von Theorien: Grundlagen-
probleme und Anwendung auf die Hochschuldidaktik. Mannheim, Diss. Phil.

SIEVERS, T., 1966: Stadt-Vorstellungen. Stadtbaurecht 57, 7o4 - 713.

SMITH, R.B., 1972: Neighborhood Context and College Plans: An Ordinal
Path Analysis. SF 51, 199 - 217.

SMITH, R.B., 1974: Contnuities in Ordinal Path Analysis. SF 53, 2oo - 229.

SORGO, K., 1977: Siedlungseinflüsse auf die individuelle Regulierung von
Fortbewegungsmöglichkeiten. ZÜRICH: Diss. ETH.

STAPF, K.H., 1968: Untersuchungen zur subjektiven Landkarte. Braunschweig:
Diss. TU.

STEGMÜLLER, W., 197o: Probleme und Resultate der Wissenschaftstheorie und
Analytischer Philosophie. Band II Theorie und Erfahrung. Studienausgabe
Teil B und C. Berlin - Heidelberg - New York.

SZALAI, A., et al. (eds.), 1972: The Use of Time. The Hague - Paris.

THROLL, M.,u.a., 1974: Infrastrukturausgleich und Hochschulneugründung.
In: HERLYN 1974 a.

TUOMELA, R. 1973: Theoretical Concepts. Wien - New York.

WEEBER, R., 1971: Eine neue Wohnumwelt. Stuttgart.

WEEDE, E., 1977: Hypothesen, Gleichungen und Daten. Kronberg.

WHITE, T.H., 1975: The Relative Importance of Education and Income as
Predictors in Outdoor Recreation Participation. J. Leisure Research 7,
191 - 199.

WILSON, T.P., 1971: Critique of Ordinal Variables. SF 49, 432 - 444; und
in: BLALOCK 1971.

WILSON, T.P., 1974 a: On Interpreting Ordinal Analogies to Multiple
Regression and Path Analysis. SF 53, 196 - 199.

WILSON, T.P., 1974 b: Reply to SOMERS and SMITH. SF 53, 247 - 251.

WIPPLER, R., 1973: Freizeitverhalten: ein multivariater Ansatz. In:
R. SCHMIDT-SCHERZER (Hg.): Freizeit. Frankfurt/M.

ANHANG A: <u>Entscheidungsdiagramm zur Bestimmung des in den SES-Index einzubeziehenden Berufsstatus</u>

<u>(Die Ziffern in Klammern sind die Codeziffern, vgl. Anhang B)</u>

Nr. der Frage im Fragebg.

18 — Erwerbstätigkeit der befragt.Pers. (1,2) (3,4,5,6)

22 — Familienst. d.befragt. Person (o,1,3) (2)

19 — frühere Erwerbstätigk. d.befragt. Person (1) (o,2)

23 — Erwerbstätigk. d.Partners d. befragt.Pers. (1,2,3) (o,4)

24 — Berufsstatus d.Partners d. befragt.Pers.
- Beruf d.Part. höher als eig. Beruf? JA → / NEIN →
- Ber.d.Part. höher als früh.eig.Ber. JA → / NEIN →

"gültiger" Berufsstatus f. den SES-Index:
- Beruf d.befr. Person
- Beruf d.Part. d.befr. Person
- Beruf d.befragt. Person
- Beruf d.Part. d.befragt. Person
- früh. Beruf d.befr. Person
- kein Berufsstatus
- früh. Beruf d.befr. Person
- Beruf d.Part. d.befr. Person
- früh. Beruf d.befr. Person
- früh. Beruf d.Part.d.befr. Person
- kein Beruf.Berufsstatus

UNIVERSITÄT HAMBURG

SEMINAR FÜR SOZIALWISSENSCHAFTEN

2 Hamburg 13, Sedanstr. 19

Fallnummer

Siedlung

FRAGEBOGEN

Ihre Angaben bleiben anonym, weder Name noch Anschrift werden vermerkt. Die Studie dient allein wissenschaftlichen
Zwecken.

Frage	Sp.	Code	Antwort	Fi.
1. Wie lange wohnen Sie in dieser Wohnung ?	I 6	1 2 3 4 0	bis unter 6 Monaten 6 Monate bis unter 2 Jahren 2 bis unter 6 Jahren 6 Jahre und mehr k.A.	2
2. Wo haben Sie gewohnt, bevor Sie hierher ge- zogen sind ?	7		Ort .... Straße .... k.A.	3
3. Und wie lange haben Sie dort gewohnt ?	8	1 2 3 4 0	bis unter 6 Monaten 6 Monate bis unter 2 Jahren 2 bis unter 6 Jahren 6 Jahre und mehr k.A.	4
4. Geschlecht	9	1 2	Weiblich Männlich	5
5. Wie alt sind Sie ?	10	1 2 3 4 5 0	bis 19 Jahre 20 bis 29 Jahre 30 bis 44 Jahre 45 bis 59 Jahre 60 Jahre und älter k.A.	6

Frage	Sp.	Code	Antwort	Fi.
6. Welchen Schulabschluß haben Sie ?	11	1	Volksschule	
		2	Realschule/ Mittlere Reife	
		3	Fachschule	
		4	Fachhochschule	7
		5	Abitur	
		6	Hochschule/ Universität	
		0	k.A.	
7. Wieviele Personen leben in Ihrem Haushalt ?	12	1	eine Person	11
		2	zwei Personen	
		3	drei Personen	
		4	vier Personen	8
		5	fünf Personen	
		6	sechs und mehr Personen	
		0	k.A.	
8. Sind darunter auch Kinder ?	13	0	nein	11
		X	ja	9
9. Wieviele Kinder ?		1	eins	
		2	zwei	10
		3	drei	
		4	vier und mehr	
10. Wie alt ist das Kind/ sind die Kinder ?	14		Zahl bis 2 J.:	
			3 - 5 J.:	
			6 - 9 J.:	11
			10 -13 J.:	
			14 -17 J.:	
			18 Jahre und älter:	
		0	keine Kinder	
11. Gibt es in Ihrem Haushalt ein Auto ?	15	1	nein	13
		X	ja	12
		0	k.A.	13
12. Eines oder mehrere ?		2	eins	
		3	zwei und mehr	13
		0	k.A.	

Frage	Sp.	Code	Antwort	Fi.
13. Wenn Sie selbst etwas außerhalb der Siedlung erledigen wollen, steht Ihnen dann ein Auto zur Verfügung ?	16	1 2 3	ja nein anderes, und zwar	14
14. Und nun möchten wir Sie bitten, möglichst genau anzugeben, was Sie gestern den Tag über gemacht haben. Tätigkeiten in der Wohnung brauchen Sie nicht näher zu beschreiben. Bitte versuchen Sie auch anzugeben, wo Sie die Tätigkeit ausgeübt haben, also auch den Straßennamen anzugeben. An- und Abfahrtszeiten rechnen Sie bitte immer der Tätigkeit hinzu. Lassen Sie uns mit dem Aufstehen beginnen ! INTERVIEWER: FORMULAR FÜR WERKTAG BENUTZEN				15
15. Bitte versuchen Sie nun noch einmal, genau so einen Stundenplan für den vergangenen Sonntag aufzustellen. Lassen Sie uns auch hier wieder mit dem Aufstehen beginnen ! INTERVIEWER: FORMULAR FÜR SONNTAG BENUTZEN				16

16. Wie oft ungefähr fahren Sie im Monat normalerweise
 	
    in die Innenstadt   ....
    nach Wandsbek-Markt   ....
    nach Rahlstedt   ....
    in das Alstereinkaufszentrum   ....
    NUR BERNER PARK:
    nach Farmsen   ....
    NUR WILDSCHWANBROOK:
    nach Volksdorf   ....
				17

AKTIVITÄTEN WERKTAG 0-12 UHR

ZEIT	DAUER	TÄTIGKEIT	ORT
0			
.15			
.30			
.45			
1			
.15			
.30			
.45			
2			
.15			
.30			
.45			
3			
.15			
.30			
.45			
4			
.15			
.30			
.45			
5			
.15			
.30			
.45			
6			
.15			
.30			
.45			
7			
.15			
.30			
.45			
8			
.15			
.30			
.45			
9			
.15			
.30			
.45			
10			
.15			
.30			
.45			
11			
.15			
.30			
.45			
12			

AKTIVITÄTEN WERKTAG 12 - 24 UHR

ZEIT	DAUER	TÄTIGKEIT	ORT
12			
.15			
.30			
.45			
13			
.15			
.30			
.45			
14			
.15			
.30			
.45			
15			
.15			
.30			
.45			
16			
.15			
.30			
.45			
17			
.15			
.30			
.45			
18			
.15			
.30			
.45			
19			
.15			
.30			
.45			
20			
.15			
.30			
.45			
21			
.15			
.30			
.45			
22			
.15			
.30			
.45			
23			
.15			
.30			
.45			
24			

AKTIVITÄTEN SONNTAG 0-12 UHR

ZEIT	DAUER	TÄTIGKEIT	ORT
0			
.15			
.30			
.45			
1			
.15			
.30			
.45			
2			
.15			
.30			
.45			
3			
.15			
.30			
.45			
4			
.15			
.30			
.45			
5			
.15			
.30			
.45			
6			
.15			
.30			
.45			
7			
.15			
.30			
.45			
8			
.15			
.30			
.45			
9			
.15			
.30			
.45			
10			
.15			
.30			
.45			
11			
.15			
.30			
.45			
12			

AKTIVITÄTEN SONNTAG 12-24 UHR

ZEIT	DAUER	TÄTIGKEIT	ORT
12			
.15			
.30			
.45			
13			
.15			
.30			
.45			
14			
.15			
.30			
.45			
15			
.15			
.30			
.45			
16			
.15			
.30			
.45			
17			
.15			
.30			
.45			
18			
.15			
.30			
.45			
19			
.15			
.30			
.45			
20			
.15			
.30			
.45			
21			
.15			
.30			
.45			
22			
.15			
.30			
.45			
23			
.15			
.30			
.45			
24			

Frage	Sp.	Code	Antwort	Fi.
17. In der folgenden Liste sind verschiedene Tätigkeiten aufgeführt. Wir möchten nun gerne wissen, wie häufig Sie diese im Monat ausüben und wo Sie dies tun. Oft werden es ja mehrere Orte sein, geben Sie dann bitte die Häufigkeit für jeden Ort an. Wie häufig im Monat etwa besuchen Sie ... / gehen Sie in ... ? Und wo ?				

TÄTIGKEIT	HÄUFIGKEIT	ORT (E)	
Gaststätten			
Tanzveranstaltungen			
Bücherei			18
Politische und gewerkschaftliche Veranstaltg.			
Kino			
Theater/ Konzert			
Sportveranstaltung Sporttraining			
Volkshochschule oder berufl. Fortbildungskurse			
Verwandte			
Freunde oder Bekannte			

Frage	Sp.	Code	Antwort	Fi.
18. Sind Sie berufstätig ? INTERVIEWER: VORGABEN VORLESEN !	17	1	ja, voll	21
		2	ja, halbtags/ stundenweise	
		3	nein, z.Zt. auf Arbeitssuche	
		4	nein, in Ausbildung (auch Auszubildende)	
		5	nein, Rentner/ Pensionär	
		6	nein, Hausfrau	19
19. Waren Sie früher berufstätig ?	18	1	ja	20
		2	nein	
		0	k.A. / nicht betroffen	22

Frage	Sp.	Code	Antwort	Fi.
20. Welchen Beruf haben Sie ausgeübt ? INTERVIEWER: LISTE DER BERUFE ÜBERREICHEN !	19	1 2 3 4 5 6 7 8 9 0	Un-, angelernter Arbeiter Facharbeiter Einfacher, mittl. Angestellt. Leitender Angestellter Einf., mittl. Beamter Gehobener, höherer Beamter Arzt, Rechtsanwalt, Architekt, freier Beruf Selbständiger Handwerker, Einzelhändler Selbständiger Kaufmann, Unternehmer k.A. / nicht betroffen	22
21. Welchen Beruf üben Sie aus ? INTERVIEWER: LISTE DER BERUFE ÜBERREICHEN !	20	1 2 3 4 5 6 7 8 9 0	Un-, angelernter Arbeiter Facharbeiter Einfacher, mittl. Angestellt. Leitender Angestellter Einf., mittl. Beamter Gehobener, höherer Beamter Arzt, Rechtsanwalt, Architekt, freier Beruf Selbständiger Handwerker, Einzelhändler Selbständiger Kaufmann, Unternehmer k.A. / nicht betroffen	22
22. Welchen Familienstand haben Sie ? INTERVIEWER: VORGABEN VORLESEN ! GEGENWÄRTIGEN FAMILIEN-STAND NOTIEREN !	21	1 2 3 0	ledig verheiratet/ zus. lebend verwitwet/ geschieden/ getrennt lebend k.A.	25 23 25

Frage	Sp.	Code	Antwort	Fi.
23. Ist Ihr (Ehe-) Partner berufstätig ? INTERVIEWER: VORGABEN VORLESEN !	22	1	ja, voll	
		2	ja, halbtags/ stundenweise	
		3	nein, z.Zt. auf Arbeitssuche	24
		4	nein, Hausfrau/ Rentner/ Pensionär	
		0	k.A. / nicht betroffen	25
24. Welchen Beruf übt (e) Ihr Partner aus ? INTERVIEWER: LISTE DER BERUFE ÜBERREICHEN !	23	1	Un-, angelernter Arbeiter	
		2	Facharbeiter	
		3	Einfacher, mittl. Angestellt.	
		4	Leitender Angestellter	
		5	Einf., mittl. Beamter	25
		6	Gehobener, höherer Beamter	
		7	Arzt, Rechtsanwalt, Architekt freier Beruf	
		8	Selbständiger Handwerker, Einzelhändler	
		9	Selbständiger Kaufmann, Unternehmer	
		0	k.A. / nicht betroffen	
25. Eine letzte Frage: Wenn Sie einmal alles zusammenrechnen: Wie hoch ist etwa das monatliche Nettoeinkommen in Ihrem Haushalt ? Bitte nennen Sie mir nur den Buchstaben auf dieser Liste ! INTERVIEWER: LISTE MIT EINKOMMENSGRUPPEN ÜBERREICHEN !	24	1	A	
		2	B	
		3	C	
		4	D	
		5	E	26
		6	F	
		7	G	
		8	H	
		9	I	
		0	k.A.	

VIELEN DANK !!

	Sp.	Code		Fi.
26. Befragte (r)	25	1 2	Zielperson Partner	A
A. Dauer des Interviews			.... min.	B
B. Datum des Interviews			....	C
C. Anwesenheit Dritter ?			ja nein	D
D. Name des Interviewers			....	E
E. Bemerkungen			....	ENDE

BERUFSGRUPPEN

UNGELERNTER ARBEITER
ANGELERNTER ARBEITER
FACHARBEITER
EINFACHER, MITTLERER ANGESTELLTER
LEITENDER ANGESTELLTER
EINFACHER, MITTLERER BEAMTER
GEHOBENER, HÖHERER BEAMTER
ARZT, RECHTSANWALT, ARCHITEKT
SELBSTÄNDIGER HANDWERKER, EINZELHÄNDLER
SELBSTÄNDIGER KAUFMANN, UNTERNEHMER

EINKOMMENSGRUPPEN

A	bis 499 DM
B	5oo bis 999 DM
C	1.ooo bis 1.499 DM
D	1.5oo bis 1.999 DM
E	2.ooo bis 2.499 DM
F	2.5oo bis 2.999 DM
G	3.ooo bis 3.499 DM
H	3.5oo bis 3.999 DM
I	4.ooo DM und mehr

Anhang C: Korrelationsmatrix der in der Mehrvariablenanalyse verwendeten Variablen

Maßzahl: Tau-B

	X_1	X_2	X_3	X_4	X_5	X_6	X_7	X_8	X_9	X_{10}	X_{11}	X_{12}	X_{13}
X_1	1.0000												
X_2	.0083	1.0000											
X_3	.0722	-.0153	1.0000										
X_4	.0541	.0239	.0410	1.0000									
X_5	.0777	-.0945	.1906	.4006	1.0000								
X_6	-.0087	.0057	.1081	.5679	.3563	1.0000							
X_7	-.0575	.2981	.0656	.0422	-.0249	-.1636	1.0000						
X_8	.0115	-.0767	.0928	.3191	.2865	.4864	.0995	1.0000					
X_9	.0632	-.1211	.0997	.1220	.1888	.1410	-.0107	.1889	1.0000				
X_{10}	-.1021	-.0095	-.0564	-.2889	-.1969	-.3667	-.0591	-.2861	-.0067	1.0000			
X_{11}	-.1855	.0358	-.0676	.0382	-.0578	-.0348	-.0577	-.0688	-.2775	.1573	1.0000		
X_{12}	-.0067	-.1889	.1478	.0141	.1071	.0794	-.0535	.1094	.1020	-.0563	.0044	1.0000	
X_{13}	-.0720	-.0758	.1083	-.1702	-.0301	-.1360	-.0031	.0181	.0488	.2689	.0525	.0341	1.0000
X_{14}	-.0380	-.0536	.0159	.1921	.1025	.1481	.0070	.1399	.2630	-.0089	.1796	.0943	.0819
X_{15}	-.0446	-.0835	.1353	-.1414	.0122	-.1121	-.0277	.0507	.0814	.2384	.0500	.0726	.7490
X_{16}	-.0501	-.0157	-.0119	.1793	.0489	.1314	.0219	.1049	.1323	-.0075	.1799	.0742	.0645
X_{17}	.1170	-.0378	.1806	.0881	.1921	.1237	.0113	.2626	.0984	-.1848	-.0549	.1087	.4703
X_{18}	.1242	.0055	.0754	.0956	.1276	.0836	.0221	.1313	.3978	-.0932	-.2882	.0780	.0027
X_{19}	.2412	.0550	.1125	.3273	.2835	.3547	.0443	.3521	.0569	-.6438	-.1379	.0666	-.1361
X_{20}	.2000	.0338	.0944	-.0417	.1095	-.0090	.0125	.0731	.3994	-.1253	-.6190	.0169	-.0627

	X_{14}	X_{15}	X_{16}	X_{17}	X_{18}	X_{19}	X_{20}
X_{14}	1.0000						
X_{15}		1.0000					
X_{16}			1.0000				
X_{17}	.1206	.6351	.1049	1.0000			
X_{18}	.4562	.0496	.5444	.1138	1.0000		
X_{19}	.0216	-.1214	-.0131	.3877	.1290	1.0000	
X_{20}	-.1456	-.0632	-.1372	.0581	.4882	.1895	1.0000

...age der Siedlung
...lter des Befragten
...ozioökonomischer Status
...eschlecht
...erfügung über PKW
...rwerbstätigkeit
...lter der Kinder
...nteil der Außerhausaktivitäten werktags
...nteil der Außerhausaktivitäten sonntags
...nteil der lokalen Außerhausaktivitäten werktags

X_{11} Anteil lokaler Außerhausaktivitäten sonntags
X_{12} Heterogenität ausgwählter Aktivitäten im Monat
X_{13} Heterogenität der Außerhausaktivitäten werktags
X_{14} Heterogenität der Außerhausaktivitäten sonntags
X_{15} Anzahl Außerhausaktivitäten werktags
X_{16} Anzahl Außerhausaktivitäten sonntags
X_{17} Summe der Entfernungen der Aktivitäten werktags
X_{18} Summe der Entfernungen der Aktivitäten sonntags
X_{19} Durchschnittliche Entfernung der Aktivitäten werktags
X_{20} Durchschnittliche Entfernung der Aktivitäten sonntags

Anhang D: Zerlegung der Effekte und Prüfung der Datenadäquanz der Modelle

abhängige Variable	kausal vorausgehende Variab.	Bivariate Korrelat.	Direkter kaus. Eff.	Indirekt. kaus. Eff.	Totaler kaus. Eff.	Indirekt korr. Eff.	Nicht im Modell spezifiz.
Erwerbstätigk.	Geschlecht	.57	.57	0.0	.57	0.0	0.0
Alter der Kinder	Lage d. Siedl.	.06	.06	0.0	.06	0.0	0.0
	Alter d. Befr.	.30	.30	0.0	.30	0.0	0.0
Verfügung über PKW	Geschlecht	.40	.29	.10	.39	.01	0.0
	Lage d. Siedl.	.08	.05	0.0	.05	.03	0.0
	Sozioök.Status	.19	.16	0.0	.16	.03	0.0
	Erwerbstätigk.	.36	.17	0.0	.17	.02	.17 ++
Anteil d. Ausserhausaktivitäten werktags	Lage d. Siedl.	.01	.01	0.0	.01	.01	-.01
	Alter d. Befr.	-.08	-.08	.02	-.06	0.0	-.02
	Sozioök.Status	.09	.02	.02	.04	.06 +	-.01
	Erwerbstätigk.	.49	.43	-.02	.41	.01	.07 +
	Verfüg. ü. PKW	.29	.12	0.0	.12	0.0	.17 ++
	Alter d.Kinder	.10	.06	0.0	.06	.08 +	-.04
Anteil d. Ausserhausaktivitäten sonntags	Lage d. Siedl.	.06	.05	.01	.06	0.0	0.0
	Alter d. Befr.	-.12	-.11	0.0	-.11	-.01	0.0
	Sozioök.Status	.10	.06	-.02	.08	.02	0.0
	Erwerbstätigk.	.14	.09	-.02	.07	.01	.06 +
	Verfüg. ü. PKW	.19	.13	0.0	.13	.01	.05 +
	Alter d.Kinder	-.01	.01	0.0	.01	.02	-.04
Anteil lokaler Außerhausaktivität.werktags	Lage d. Siedl.	-.10	-.10	0.0	-.10	-.01	.01
	Alter d. Befr.	-.01	-.01	0.0	-.01	0.0	0.0
	Sozioök.Status	-.06	0.0	-.01	-.01	-.05 +	0.0
	Erwerbstätigk.	-.37	-.34	-.01	-.35	.01	-.02
	Verfüg. ü. PKW	-.20	-.07	0.0	-.07	0.0	-.13 ++
	Alter d.Kinder	-.06	-.01	0.0	-.01	-.06 +	.01
Anteil lokaler Außerhausaktivität.sonntags	Lage d. Siedl.	-.19	-.19	0.0	-.19	0.0	0.0
	Alter d. Befr.	.04	.06	-.02	.04	0.0	0.0
	Sozioök.Status	-.07	-.04	-.01	-.05	-.02	0.0
	Erwerbstätigk.	-.03	-.01	-.01	-.02	-.02	.01
	Verfüg. ü. PKW	-.06	-.03	0.0	-.03	0.0	-.03
	Alter d.Kinder	-.06	-.08	0.0	-.08	-.01	.03
Heterogenität ausgewählter Akt. im Monat	Lage d. Siedl.	-.01	-.02	0.0	-.02	0.0	.01
	Alter d. Befr.	-.19	-.18	-.01	-.19	-.01	.01
	Sozioök.Status	.15	.13	.01	.14	.01	0.0
	Erwerbstätigk.	.08	.05	.01	.06	.01	.01
	Verfüg. ü. PKW	.11	.05	0.0	.05	.02	.04
	Alter d.Kinder	-.05	-.02	0.0	-.02	.02	-.05 +
Heterogenität d. Außerhausaktiv.werktags	Lage d. Siedl.	-.07	-.08	0.0	-.08	.01	0.0
	Alter d. Befr.	-.08	-.08	.01	-.07	-.01	0.0
	Sozioök.Status	.11	.13	0.0	.13	-.02	0.0
	Erwerbstätigk.	-.14	-.16	0.0	-.16	.02	0.0
	Verfüg. ü. PKW	-.03	0.0	0.0	0.0	.01	-.04
	Alter d.Kinder	0.0	.03	0.0	.03	-.02	-.01
Heterogenität d. Außerhausaktiv.sonntags	Lage d. Siedl.	-.04	-.04	0.0	-.04	.01	-.01
	Alter d. Befr.	-.05	-.05	0.0	-.05	0.0	0.0
	Sozioök.Status	.02	-.01	.01	0.0	.02	0.0
	Erwerbstätigk.	.15	.13	.01	.14	0.0	.01
	Verfüg. ü. PKW	.10	.06	0.0	.06	0.0	.04
	Alter d.Kinder	.01	0.0	0.0	0.0	.03	-.02
Anzahl Außerhausaktivitäten werktags	Lage d. Siedl.	-.04	-.06	0.0	-.06	.01	.01
	Alter d. Befr.	-.08	-.08	0.0	-.08	0.0	0.0
	Sozioök.Status	.14	.15	0.0	.15	-.01	0.0
	Erwerbstätigk.	-.11	-.15	.01	-.14	.02	.01
	Verfüg. ü. PKW	.01	.03	0.0	.03	.01	-.03
	Alter d.Kinder	-.02	.01	0.0	.01	-.02	-.01
Anzahl Außerhausaktivitäten sonntags	Lage d. Siedl.	-.01	-.05	0.0	-.05	0.0	-.04
	Alter d. Befr.	-.02	-.02	0.0	-.02	0.0	0.0
	Sozioök.Status	-.01	-.03	0.0	-.03	-.02	-.04
	Erwerbstätigk.	.13	.13	0.0	.13	-.01	.01
	Verfüg. ü. PKW	.05	.01	0.0	.01	0.0	.04
	Alter d.Kinder	.02	.01	0.0	.01	.02	-.01
Summe der Entfernungen der Aktiv.werktags	Lage d. Siedl.	.12	.10	.01	.11	.01	0.0
	Alter d. Befr.	-.04	-.03	0.0	-.03	-.01	0.0
	Sozioök.Status	.18	.14	.02	.16	.02	0.0
	Erwerbstätigk.	.12	.06	.02	.08	.02	.02
	Verfüg. ü. PKW	.19	.13	0.0	.13	0.0	.06 +
	Alter d.Kinder	.01	.01	0.0	.01	.02	-.02
Summe der Entfernungen der Aktiv.sonntags	Lage d. Siedl.	.12	.12	.01	.13	.01	-.02
	Alter d. Befr.	.01	.01	.01	.02	.02	-.03
	Sozioök.Status	.08	.04	.02	.06	.02	0.0
	Erwerbstätigk.	.08	.04	.02	.06	.01	.01
	Verfüg. ü. PKW	.13	.10	0.0	.10	0.0	.03
	Alter d.Kinder	.02	.02	0.0	.02	.02	-.02
Durchschnittl. Entferng. der Aktiv.werktags	Lage d. Siedl.	.24	.23	.01	.24	.03	-.03
	Alter d. Befr.	.06	.07	0.0	.07	0.0	-.01
	Sozioök.Status	.11	.02	.03	.05	.07 +	-.01
	Erwerbstätigk.	.35	.30	.03	.33	0.0	.02
	Verfüg. ü. PKW	.28	.16	0.0	.16	-.01	.13 ++
	Alter d.Kinder	.04	.01	0.0	.01	.07 +	-.04
Durchschnittl. Entferng. der Aktiv.sonntags	Lage d. Siedl.	.20	.19	.01	.20	.02	-.02
	Alter d. Befr.	.03	.04	.01	.05	-.01	-.01
	Sozioök.Status	.09	.07	.02	.09	0.0	0.0
	Erwerbstätigk.	-.01	-.06	.02	-.04	.01	.02
	Verfüg. ü. PKW	.11	.11	0.0	.11	0.0	0.0
	Alter d.Kinder	.01	.02	0.0	.02	.01	-.02

+ : Nichtkausaler Effekt größer .04 bis .10   ++ : Nichtkausaler Effekt größer .10

Folgende Variablen wurden entgegen der ursprünglichen Codierung (s. Anhang B) "umgepolt":
Erwerbstätigkeit, Verfügung über PKW, Alter der Kinder